danzig & unfried

INFORMATIONS- UND MEDIENRECHT
Band 5

Manuel Reiter

Smart Government

Konzepte der Verwaltung 4.0 in der Wiener Landesverwaltung

danzig & unfried

www.danzigunfried.com
Printed in Germany
ISBN 978-3-902752-35-2 (Print)
ISBN 978-3-902752-36-9 (E-Book, PDF)

Inhalt

1. Einleitung

1.1 Überblick, Problemstellung und Aktualität

Von der Wirtschaft wurden die Vorteile der zunehmenden intelligenten Vernetzung realer und virtueller Objekte und Systeme längst erkannt und werden als die vierte industrielle Revolution (Industrie 4.0[1]) angepriesen, in der »Smart Factories«, also intelligente Fabriken, zu sich selbst steuernden Ökosystemen werden und damit weit mehr leisten als bloß IT-gestützt und automatisiert Produkte zu fertigen. Die Verfügbarkeit aller relevanten Informationen in Echtzeit ermöglicht eine starke Anpassung der Produkte und Dienstleistungen an Kundenwünsche trotz Massenfertigung,[2] ohne dass ein Mensch jeden einzelnen Schritt überwachen oder gar steuern müsste (Maschine-zu-Maschine-Kommunikation).

Die Überleitung dieser schon vorhandenen technischen Errungenschaften und der dazugehörigen Prozesse in die öffentliche Verwaltung unter dem Schlagwort »Verwaltung 4.0/Smart Government« meint nun Prozesse im Zusammenhang mit dem Regieren und Verwalten mit Hilfe von intelligent vernetzten Informations- und Kommunikationstechniken.[3]

Ansätze zu einem solchen Umdenken in der Verwaltung gibt es bereits: Wien etwa legt die Grundsätze der Industrie 4.0 konsequent auf die Stadt um und entwickelte ein Smart-City-Konzept, mit dem die Lebensqualität gesteigert und Ressourcen effizienter genutzt werden sollen. Datensätze der öffentlichen Verwaltung werden den Bürgern und der Wirtschaft zur Verfügung gestellt, die mit den immensen Datenmengen der Behörden neue innovative Dienstleistungen anbieten können (Open [Government] Data). Ein simpleres Beispiel für ressortübergreifende Vernetzung wäre etwa der automatisierte Versand von behördlichen Schriftstücken über gemeinsam genutzte Druckzentren.

---

1 Siehe Kapitel 3, in dem das Thema ausführlich behandelt wird.

2 Teilweise bis Losgröße 1, vgl Kapitel 3.3..

3 Vgl die Definitionsansätze in Kapitel 4.1.

Unterstellt wird in der vorliegenden Arbeit, dass die öffentliche Verwaltung mit der Zeit gehen will und muss. Elektronisch abrufbare Verwaltungsdienstleistungen werden zwar stetig ausgebaut und damit die Möglichkeiten einer Inanspruchnahme eines elektronischen Amtsweges ausgeweitet – dennoch wird sich die Verwaltung weiter an die Management- und Organisationsmodelle der Wirtschaft annähern müssen: Ihre Aufgaben werden nämlich mehr und komplexer, ihre Mittel steigen jedoch nicht im selben Ausmaß – einzige Lösung kann nur eine Effizienzsteigerung sein. Eine solche wird mit der Verwaltung 4.0, dem Konzept des Smart Government, aufgezeigt.

Dieses Konzept ist ein neues: Erste Publikationen entstanden im Jahr 2013 (vgl Kapitel 4.2 »Entwicklung und Einführung«), eine erste umfassendere Bearbeitung gibt es erst seit dem Jahr 2015 in Form eines Whitepapers. Schon damit zeigt sich, dass die vorliegende Arbeit am Puls der Zeit ist und das Thema ein hochaktuelles ist.

In der Folge soll aufgezeigt werden, inwieweit sich die Wiener Landesverwaltung die Vernetzung und die intelligenten Systeme der Industrie 4.0 zunutze macht, damit ihre Kosten senkt und ihre Dienstleistungsqualität erhöhen kann (bzw. das jetzt schon tut).

Daneben kann die Verwaltung ihre Akzeptanz erhöhen, indem der einzelne Bürger (wie bei der Zurverfügungstellung von offenen Datensätzen) in Prozesse aktiv eingebunden wird, womit auch neuartige Möglichkeiten der Transparenz eröffnet werden. Auch dieser Bereich soll anhand der Wiener Landesverwaltung dargestellt werden.

1.2 Forschungsfragen

Die folgenden Forschungsfragen sollen im Laufe der Arbeit aufgearbeitet werden.

Frage 1: Welche Veränderung bringt »Smart Government« für die öffentliche (Landes-)Verwaltung?

Frage 2: Worin liegt dabei der Nutzen für die öffentliche Verwaltung bzw. was sind denkbare Anwendungsszenarien?

1.3 Methode

Eine umfangreiche Literaturrecherche wird den Hauptteil der Forschungstätigkeit ausmachen, sowohl in der verwaltungswissenschaftlichen, aber auch in der betriebswirtschaftlichen Dimension. Dabei werden vor allem eine systematische Aufarbeitung des derzeitigen Kenntnisstandes sowie die Auswertung der vorhandenen Fachliteratur es erlauben, auf gesicherten Erkenntnissen aufzubauen und die eigenen Ergebnisse argumentativ abzusichern. Fallstudien werden verwendet, um die gewonnenen Ergebnisse zu hinterfragen oder auch zu untermauern. Ziel ist es, ein umfassendes und insbesondere aktuelles Statement zum Phänomen Verwaltung 4.0 abzuliefern.

Ob und inwieweit Konzepte der Industrie 4.0 umgesetzt wurden, woran eine Umsetzung scheitern könnte und mögliche zukünftige Szenarien werden anhand von »hard facts« besser zu beurteilen sein, als dies anhand empirischer Fragestellungen möglich sein wird. Dazu kommt, dass die Theorie der Empirie vorgelagert ist, d.h. bevor eine Behauptung empirisch überprüft werden kann, muss diese zunächst theoretisch als logisch gelten. Es wird Aufgabe der geplanten Arbeit sein, bei einem so neuen Thema aktuelle Strömungen und Grenzen herauszuarbeiten, Fakten zu erarbeiten, um daraus logische Schlüsse zu ziehen – mit anderen Worten: es sollen Grundlagen erarbeitet werden.

1.4 Aufbau der Arbeit

Nach einem kurzen Überblick über die Problemstellung und das Umfeld der Arbeit (Kapitel 1) wird in Kapitel 2 zunächst die gegenwärtige verwaltungswissenschaftliche Ausgangslage dargestellt und aufbereitet. Ein kurzer geschichtlicher Abriss soll helfen, den gegenwärtigen Stand der behandelten Phänomene in einem übergeordneten Kontext einordnen zu können. In Kapitel 3 wird die sogenannte Industrie 4.0 in ihren Grundzügen samt ihren technischen Möglichkeiten dargestellt und die Grundlage für eine Überleitung zur Hauptfragestellung geschaffen. Kapitel 4 nimmt die im vorangegangen Abschnitt erarbeiteten Prinzipien und legt sie (sofern sie dafür tauglich sind) auf die Verwaltung um. Darauf aufbauend werden Ansätze und Szenarien für die praktische Umsetzung in Kapitel 5 erarbeitet. Abschließend soll ein Fazit (Kapitel 6) die wesentlichen Punkte nochmals knapp zusammenfassen, ein Ausblick (Kapitel 7) gibt einen Blick in die (mögliche) Zukunft.

1.5 Umfeld

Zum Abschluss des einleitenden Kapitels soll noch die Frage beantwortet werden, in welchem Umfeld sich die nachfolgenden Darstellungen bewegen – wer oder was ist die Verwaltung?

Gegenstand der Untersuchung soll die öffentliche (aber damit nicht zwangsweise staatliche[4]) Verwaltung sein. Diese lässt sich zunächst formal aus dem Gefüge der Staatsteilgewalten abgrenzen: Was nicht Gesetzgebung (Legislative) oder Gerichtsbarkeit (Exekutive) ist, wird der Verwaltung zugeordnet.[5] Unter einer solchen Verwaltung versteht man solche Organe, die in ihrer Tätigkeit den Gesetzen unterworfen sind (Legalitätsprinzip[6]) und an Weisungen ihrer Vorgesetzten gebunden sind. Daraus folgt grundsätzlich ein hierarchischer Aufbau, an dessen Spitze oberste Organe (z. B. Bundesminister, Landesräte, Regierungen) stehen, die den jeweiligen Parlamenten gegenüber politisch und rechtlich verantwortlich sind.[7]

Der Verwaltung obliegt die Vollziehung von Entscheidungen der Politik.[8] Gesetze geben der Verwaltung den Rahmen vor und stecken ihre Aufgaben ab – eine inhaltliche Festlegung, was Verwaltungsaufgabe ist und was nicht, kann generell-abstrakt nicht getroffen werden (und ist auch nicht sinnvoll).[9]

Aufgaben der Verwaltung können hoheitlich vollzogen werden (etwa mittels Bescheiderlassung) oder in Form der sogenannten Privatwirtschaftsverwaltung in privatrechtlicher From (z. B. mittels eines Vertrags[10]).[11] Eine dieserart umrissene Verwaltung darf nicht mit »Bürokratie« gleichgesetzt werden: Zwar mag umgangssprachlich ein Verwal-

---

4 Vgl Mayntz, Soziologie der öffentlichen Verwaltung[4] (1997) 71 .

5 Öhlinger/Eberhard, Verfassungsrecht[10] (2014) Rz 600.

6 Art 18 Abs. 1 des Bundesverfassungsgesetzes lautet: »Die gesamte staatliche Verwaltung darf nur auf Grund der Gesetze ausgeübt werden.«

7 Holzinger/Oberndorfer/Raschauer B. (Hrsg), Österreichische Verwaltungslehre[2] (2006) 116.

8 Schedler/Proeller, New Public Management[5] (2011) 23.

9 Schedler/Proeller, New Public Management[5] 24.

10 Gemeint ist ein privatrechtlicher Vertrag, nicht der sogenannte Verwaltungsvertrag, der zu den öffentlich-rechtlichen Handlungsformen gerechnet wird.

11 Öhlinger/Eberhard, Verfassungsrecht[10]Rz 238.

tungsvorgang als »bürokratisch« empfunden werden, die Bürokratie bezeichnet jedoch als solche eine Form der Organisation in der Soziologie dar, die nicht mit der Verwaltung gleichgesetzt werden kann.[12]

Dass es dabei viele Wege gibt, die zur Aufgabenerfüllung führen,[13] ist offensichtlich – diese verschiedenen Systeme der Verwaltung bleiben in dieser Darstellung jedoch unberücksichtigt.

1.6 Einleitende Begriffsbestimmungen

Begriffsbestimmungen werden im Laufe der Arbeit dort bereitgestellt, wo notwendig. Einige sollen aber an dieser Stelle schon vorangestellt werden – zum einen, weil sie schon in das einleitende Kapitel eingeflossen sind, zum anderen, weil sie für die Arbeit zentral sind und damit vorangestellt werden sollen.

1.6.1 »Smart«

Der englische Begriff »smart« wird an sich mit »klug«, »schlau«, »gewieft« oder »pfiffig« übersetzt.[14] Die Bedeutung im Zusammenhang mit IT-Systemen geht allerdings über diese Begrifflichkeiten hinaus bzw. in eine andere Richtung:

Gemeint ist damit die Vernetzung digitaler Komponenten, die eine virtuelle Identität erhalten, mit der sie bis zu einem gewissen Grad selbständig im Netz auftreten können. Eine solche intelligente Vernetzung kann banale Dinge des Alltags betreffen: Ein beliebtes Beispiel ist die sogenannte Smart Watch, eine Armbanduhr, die mit dem Handy, Tablet oder Laptop drahtlos verbunden (= vernetzt) ist und über eingehende Mails und SMS informiert, die körperliche Aktivität des Trägers misst und beurteilt oder an bevorstehende Termine erinnert.

Nach diesem Muster wird eine intelligent vernetzte Fabrik als »Smart Factory« oder der informierte, vernetzte und partizipierende Bürger als »Smart Citizen« bezeichnet. Der Begriff »Smart« wird in Kapitel 3.1.3 »Der Begriff »Smart« und die Intelligenz von Dingen« kontextualisiert.

---

12 Wiewohl Verwaltungen auch im soziologischen Sinne Elemente der Bürokratie aufweisen, vgl Kapitel 3.4 »Soziologische Grundlagen«.

13 *Holzinger/Oberndorfer/Raschauer B.* (Hrsg), Österreichische Verwaltungslehre 33 prüfen

14 <dict.leo.org/englisch-deutsch/smart> (29. 4. 2017).

1.6.2 Versionsnummern

In der Entwicklung von Software ist es üblich, verschiedene Versionen eines Produkts mit aufsteigenden Nummern zu kennzeichnen. »Version« meint dabei ein definiertes Entwicklungsstadium – es geht hierbei also um die Nachvollziehbarkeit von Änderungen und die präzise Ansprechbarkeit eines bestimmten Zeitpunkts im Produktleben der Software.

Eine Hauptversion könnte also mit der Nummer 1.0 freigegeben werden, eine kleine Erweiterung könnte mit 1.1 bezeichnet werden, größere Änderungen dann 2.0 usw.

Dieses Prinzip wird neuerdings gerne auf Bereiche außerhalb der Informations- und Kommunikationstechnologie übertragen.

2. Ausgangslage

2.1 Historischer Abriss

Im Folgenden soll ein kurzer Abriss der bisherigen Entwicklung der öffentlichen Verwaltung und ihrem Selbstverständnis gegeben werden.[15]

Vorangestellt wird dazu zum besseren Überblick eine grafische Darstellung (Abbildung 1), die die Veränderung der öffentlichen Verwaltung im geschichtlichen Verlauf bis in die Gegenwart skizziert.

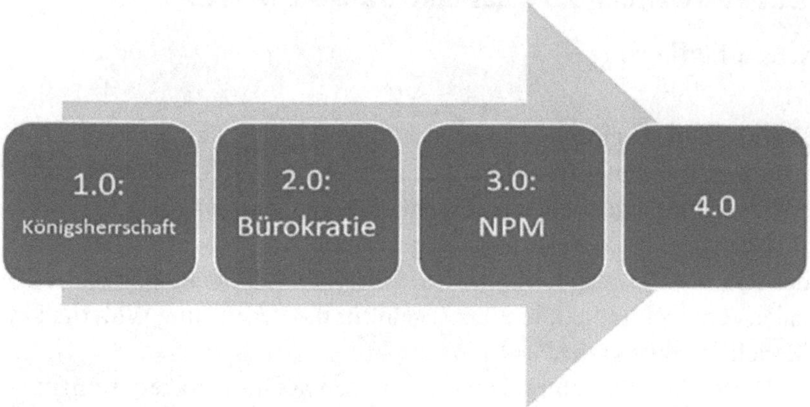

Abbildung 1: Die Entwicklung der Verwaltung[16]

15 Die Darstellung des verwaltungsgeschichtlichen Abrisses in Versionsnummern (vgl Kapitel 1.6.2 »Versionsnummern«) ist angelehnt an die Übersicht der Stadt Wien zu diesem Thema, vgl <open.wien.gv.at/site/government-1-0-bis-government-4-0> (29. 4. 2017)

16 Angelehnt an <open.wien.gv.at/site/government-1-0-bis-government-4-0> (29. 4. 2017).

2.1.1 »Verwaltung 1.0«: die Königsherrschaft

Zunächst ist festzuhalten, dass auf Verwaltungsmechanismen des Mittelalters und der frühen Neuzeit in diesem Kontext nicht weiter eingegangen wird.[17]

Die Gründe hierfür sind zweierlei: Zum einen beginnt die Verwaltung als solche sich erst mit Beginn des Absolutismus in einer fassbaren Gestalt zu formieren,[18] zum anderen bestehen vor dieser Zeit derart viele Partikulärmechanismen, dass diese in dem hier gebotenen knappen Überblick kaum darstellbar wären.[19]

Als bedeutsam soll hier nur herausgestellt werden, dass es keine allgemeingültigen Regeln gab und die Herrschaft persönlich ausgeübt wurde.[20]

2.1.2 »Verwaltung 2.0«: das bürokratische Modell

2.1.2.1 Einführung

Die mit dem Beginn der Neuzeit aufkommenden Kameral- und Polizeiwissenschaften waren stark partikulären Interessen verhaftet, auf sie soll in der vorliegenden Arbeit nicht eingegangen werden.

Nach der als »Verwaltung 1.0« bezeichneten Feudalherrschaft findet der Ruf nach Kontrollierbarkeit der Herrschaftsausübung, nach rationaler Vernunft und bindenden Regeln für die Verwaltung Widerhall im Modell der Bürokratie.[21]

Diese Bürokratie (ihre Elemente werden noch zu erörtern sein) kann nicht nur in hoheitlichen Agenden eine Form der Organisation sein,

---

17 Dazu sei auf *Wimmer*, Dynamische Verwaltungslehre³ (2013) 26ff verwiesen.

18 *Wimmer*, Dynamische Verwaltungslehre³ 34ff.

19 Das Heilige Römische Reich deutscher Nation (in Gestalt des »Alten Reiches«) etwa hatte keine (bezeichnenswerte) eigene Verwaltungsorganisation, sondern war auf territoriale Mitarbeit angewiesen, vgl *Kotulla*, Deutsche Verfassungsgeschichte (2008) 11 Rz 23.

20 Vgl *Ziegler*, Studienmaterial zur Vorlesung »Einführung in die theoretischen Grundfragen der Soziologie«. Unveröffentlichtes Manuskript. 60.

21 Vgl zum Konzept der »guten Policey« etwa *Simon*, Von der »Caritas« zur policeylichen Armutsbekämpfung, in Potz/Tálos/Maier/Simon/Landau/Muzak/Rebhahn/Mazal/Konecny/Armutskonferenz (Hrsg), Armut und Recht (2010) 51 (56ff).

sondern auch im privaten Bereich. Schon beim deutschen Soziologen Max Weber (1864–1920) findet sich der modern anmutende Ansatz, dass private Unternehmen und die staatliche Verwaltung nicht so grundverschieden sind, wie man zunächst annehmen möchte.[22] »*Beide sind vielmehr im Grundwesen ganz gleichartig. Ein ›Betrieb' ist der moderne Staat, gesellschaftswissenschaftlich angesehen, ebenso wie eine Fabrik: das ist gerade das ihm historisch Spezifische.*«[23] führt *Weber* dazu aus.

2.1.2.2 Formen der Herrschaftsausübung

Weber unterschied in seinen Werken zwischen drei verschiedenen Typen von Herrschaft. Er sah die sogenannte legale Herrschaft,[24] die sich auf gesetztem (positiven) Recht gründet, als einen Idealtyp der Ausübung von Herrschaft an,[25] deren reinste (weil rationalste[26]) Form die Bürokratie ist.[27]

Daneben unterscheidet er noch Herrschaft, die in Charisma begründet liegt und solche, die auf Tradition[28] zurückgeht.

Für *Weber* ist Bürokratie nun deshalb die rationalste Form der Herrschaftsausübung, da sie »*die an Präzision, Stetigkeit, Disziplin, Straffheit und Verläßlichkeit, also: Berechenbarkeit für den Herrn wie für die Interessenten, Intensität und Extensität der Leistung formal universeller Anwendbarkeit auf alle Aufgaben, rein technisch zum Höchstmaß der Leistung vervollkommenbare« Form der Herrschaftsausübung ist.*«[29]

In einer solchen legalen Herrschaft wird Recht durch vorgegebene Abläufe geschaffen und den so erzeugten Normen ist Folge zu leisten – weder ist damit verbunden, einer konkreten Person zu gehorchen, noch lässt sich daraus eine bestimmte Staatsform ableiten, einzig den korrekt

22 *Thom/Ritz*, Public Management^4 (2008) 3; ebenso *Wimmer*, Dynamische Verwaltungslehre^3 176.

23 *Weber*, Wirtschaft und Gesellschaft^5 (1976) 825.

24 Vgl *Schäfers*, Einführung in die Soziologie (2013) 142.

25 Zum Begriff der Herrschaft vgl *Glaser*, Über legitime Herrschaft (2013).

26 *Neuenhaus-Luciano*, Amorphe Macht und Herrschaftsgehäuse – Max Weber, in Imbusch (Hrsg), Macht und Herrschaft^2 (2011) 97 (99).

27 *Thom/Ritz*, Public Management^4.

28 *Neuenhaus-Luciano* in Imbusch, Macht und Herrschaft, 97 (98); *Wimmer*, Dynamische Verwaltungslehre^3 175 FN 44.

29 *Weber*, Wirtschaft und Gesellschaft^5 123.

erzeugten Regeln ist man unterworfen.[30] Quelle der Legitimität ist also das regelkonform ausgeführte Verfahren selbst.[31]

2.1.2.3 Merkmale

Die Ausübung dieser Regeln ist eng mit dem Beamtentum verbunden. *Webers* Begriff der Bürokratie fußt auf folgenden Merkmalen:[32]

- Bindung an korrekt erzeugte Regeln
- Hierarchische Gliederung mit Weisungs- und Kontrollbefugnissen
- Feste Aufgabenverteilung
- Instanzenzüge
- Aktengebundenheit (Schriftform, Ordnung)
- Unpersönlichkeit (Entscheidung aufgrund objektiver Merkmale)
- Hauptberufliches Beamtentum
- Entlohnung in Geld
- Vorhersehbares (weil festes und damit leistungsunabhängiges) Gehalt
- Ernennung in ein Amt (statt z. B. Kauf oder Erblichkeit)
- Vorgegebene Qualifikationen für ein Amt
- Vorhersehbare Laufbahnen
- Lebenslange Anstellung
- Disziplin, Gehorsam und Berufsethos der Beamten
- Trennung von Amt und Person
- Spezialisierung der Tätigkeit
- Trennung von Privat- und Betriebsmitteln (Verwaltungs- und Beschaffungsgütern bzw. Haushalt und Betrieb)

---

30 *Bayer/Mordt*, Max Weber[1] (2007) 98; *Jäckel*, Soziologie (2010) 176.

31 *Bayer/Mordt*, Max Weber[1] 98.

32 Von *Weber* selbst gibt es keine gesamthafte Aufzählung der unbedingt notwendigen Merkmale, vielmehr müssen diese aus seinen Schriften gleichsam »herausdestilliert« werden, vgl dazu *Armbrüster/Banzhaf/Dingemann*, Unternehmensberatung im öffentlichen Sektor (2010) 16; *Bogumil/Jann*, Verwaltung und Verwaltungswissenschaft in Deutschland[2] (2009) 137; *Derlien/Böhme/Heindl* (Hrsg), Bürokratietheorie (2011) 19ff; *Knappe*, Die Eignung von New Public Management zur Steuerung öffentlicher Kulturbetriebe (2010) 53; *Preisendörfer*, Organisationssoziologie[3] (2011) 99ff; *Thom/Ritz*, Public Management[4] 4; *Weber*, Wirtschaft und Gesellschaft[5] 551ff; *Wimmer*, Dynamische Verwaltungslehre[3] 175f.

2.1.2.4 Aktualität

Die Behaftung des Begriffs der Bürokratie mit obigen Merkmalen ist nach wie vor aktuell: »*Unter Bürokratien werden heutzutage insbesondere staatliche Organisationen und Organisationsformen verstanden, deren Strukturen sich nicht am Markt orientieren, sondern den von Max Weber identifizierten Charakteristiken folgen.*«[33]

Verwaltung in westlichen Staaten weist heute häufig Merkmale des Bürokratiemodells von Max Weber auf.[34] Auch Schulen, Kirchen oder wohltätige Organisationen sind häufig nach diesem Modell konzipiert.[35,36]

Die Bürokratie entsprach lange den in den Gesellschaften geltenden Erfordernissen. Heute kann sie in einem dynamischen, komplexen Umfeld, in dem sich nicht nur gesellschaftliche Werte wandeln, sondern auch die Verwaltungsaufgaben andere werden und die Individualisierung der Gesellschaft zunimmt, immer schwerer mithalten[37] (siehe Kapitel 2.1.3 »Bürokratiekritik«).

2.1.3 Bürokratiekritik

Bürokratie strebte vor allem Stabilität und Kontinuität an,[38] sie war an einen mechanischen Apparat angelehnt und sollte wie ein solcher laufen.

Schon Max Weber erkannte Probleme, die diese Strukturen mit sich bringen können – deshalb war »*sein Urteil über diesen Staat und diese Verwaltung keineswegs uneingeschränkt positiv. Trotz ihrer Zweckmäßigkeit*

---

33 *Schedler/Proeller*, New Public Management[5] 18.

34 *Hack*, Dezentrale Fach- und Ressourcenverantwortung, in Bauer/Biwald/Dearing (Hrsg), Öffentliches Management in Österreich (2003) 47 (48); *Schedler/Proeller*, New Public Management[5] 16; *Thom/Ritz*, Public Management[4] 5.

35 *Ziegler*, Studienmaterial zur Vorlesung »Einführung in die theoretischen Grundfragen der Soziologie«. Unveröffentlichtes Manuskript. 61.

36 Sogar für die Mafia wird das Bestehen einer bürokratischen Organisationsstruktur diskutiert, vgl *Derlien/Böhme/Heindl* (Hrsg), Bürokratietheorie 219ff.

37 Vgl *Schedler/Proeller*, New Public Management[5] 27ff.

38 Vgl *Schedler/Proeller*, New Public Management[5] 18f.

charakterisierte er die bürokratische Zentralverwaltung als ›Gehäuse für die neue Hörigkeit‹ und wies auf die Innovationsfeindlichkeit einer etablierten Beamtenherrschaft hin.«[39]

Die notwendige unbedingte Hörigkeit lässt die Bürokratie laut Weber als ein kaltes und unmenschliches Gehäuse erscheinen.[40] Doch auch weitere Kritikpunkte haben in der Lehre Niederschlag gefunden.[41]

An die Organisationsform der Bürokratie gerichtete Kritik lässt sich in vier Gruppen gliedern:

Zum Ersten wird die stetige Ausdehnung der staatlichen Funktionen und die damit einhergehende regulierungsbedingte Normenflut als Kritikpunkt aufgeworfen.[42]

Zweitens wird befürchtet, dass die hochspezialisierte und allseits bestens informierte Verwaltung sich von den politischen Instanzen abkoppeln, also quasi verselbständigen könnte.[43]

Drittens könnten sich Bedienstete kaum selbst verwirklichen, eine inhumane Maschinerie entfremde von der Arbeit.[44] Der Formalismus entfremde zudem vom Kunden bzw. den Bürgern.

Schließlich bildet noch die Effizienz einen Angriffspunkt – diese soll durch mangelnde Anpassungsfähigkeit und fehlenden Leistungsdruck stark gemindert sein.[45]

Inwieweit den einzelnen Punkten auch voll oder nur teilweise Berechtigung zukommen mag, so zeigt sich doch ein gewisser Reformbedarf, der schließlich im »New Public Management« aufgeht (nächstes Kapitel).

---

39 Zitiert nach *Mayntz*, Soziologie der öffentlichen Verwaltung[4] 29f.

40 *Ziegler*, Studienmaterial zur Vorlesung »Einführung in die theoretischen Grundfragen der Soziologie«. Unveröffentlichtes Manuskript. 61.

41 *Derlien/Böhme/Heindl* (Hrsg), Bürokratietheorie 30ff.

42 *Derlien/Böhme/Heindl* (Hrsg), Bürokratietheorie 30f.

43 *Derlien/Böhme/Heindl* (Hrsg), Bürokratietheorie 31.

44 *Derlien/Böhme/Heindl* (Hrsg), Bürokratietheorie 33.

45 *Lane*, New public management (2000) 58.

2.2 New Public Management (NPM) als »Verwaltung 3.0«

2.2.1 Begriff

2.2.1.1 Überblick

Unter New Public Management wird eine Reformbewegung[46] verstanden, die aus den 1980er Jahren stammt und ihren Siegeszug von Neuseeland aus[47] um die ganze Welt angetreten hat. Inhaltlich handelt es sich »*um einen ganzheitlichen Ansatz zur umfassenden Neuorientierung der öffentlichen Verwaltung*«,[48] wobei im Laufe der Zeit unterschiedlichste lokale Ansätze, Fokussierungen, Ausprägungen und Benennungen entstanden sind.[49] So spricht man in Deutschland vom »Neuen Steuerungsmodell«,[50] in Österreich (wo man sich seit dem Jahr 1995 intensiver mit NPM und seinen Mechanismen auseinandersetzt[51]) hat sich der Begriff der »Wirkungsorientierten Verwaltungsführung«[52] etabliert.

2.2.1.2 Vom Leistungsstaat zum Gewährleistungsstaat

Tragendes Konzept der für NPM vorherrschenden Staatlichkeit ist dabei der Gewährleistungsstaat: »*In der Staatskonzeption des Gewährleistungsstaates wird der Entscheid* über die Aufgabenbreite und die ideologische Ausgestaltung des Staates *(neo-liberaler vs. Sozial- und Wohlfahrtssaat) entkoppelt von Fragen der Gestaltung des Service Public und der Aufgabenwahrnehmung. Die Aufgabenbreite wird durch politische Instanzen in demokratischen Verfahren festgelegt. Bei der Aufgabenerfüllung trägt der Staat*

46 *Tabakow*, E-Government und New Public Management. Zur Theorie und Praxis staatlicher Verwaltung im beginnenden 21. Jh (2009) 221.

47 *Wimmer*, Dynamische Verwaltungslehre^3 251.

48 *Wimmer*, Dynamische Verwaltungslehre^3 251.

49 *Knappe*, Die Eignung von New Public Management zur Steuerung öffentlicher Kulturbetriebe 56.

50 Vgl *Tabakow*, E-Government und New Public Management. Zur Theorie und Praxis staatlicher Verwaltung im beginnenden 21. Jh 222.

51 *Dearing*, New Public Management in der österreichischen Bundesverwaltung, in Bauer/Biwald/Dearing (Hrsg), Öffentliches Management in Österreich (2003) 83.

52 Vgl *Dearing* in Bauer/Biwald/Dearing, Öffentliches Management in Österreich, 83.

in allen öffentlichen Aufgabenbereichen die Gewährleistungsverantwortung, erbringt aber lediglich sogenannte Kernaufgaben selbst.«[53]

Die dabei festgeschriebene Gewährleistungsverantwortung ist so zu verstehen, dass die Aufgaben, die der Verwaltung von der Politik in Gesetzesform (oder anderer Form[54]) übertragen werden, von dieser »bloß« finanziert werden müssen (sofern es nicht um Kernaufgaben wie die öffentliche Sicherheit oder die Justiz geht – bei solchen Kernaufgaben gibt es die Möglichkeit eine Abtretung an Privaten nicht, der Staat hat immer selbst zu handeln).[55]

Im Kern geht es jedoch stets um die Implementierung von Managementtechniken und -systemen aus der Privatwirtschaft, mithin um ein »Management öffentlicher Leistungen«.[56] Dabei versteht sich die öffentliche Verwaltung als Dienstleister, der Bürger wird als Kunde betrachtet, kurzum: unternehmerisches Denken hält Einzug.[57]

Dieses unternehmerische Denken begann zum Beispiel in Deutschland zunächst mit einer Ausgliederung und Privatisierung staatlicher Unternehmen und führte schrittweise zur Bemühung um Verwaltungsreformen.[58]

Zusammenfassend lässt sich festhalten: »*Insgesamt ist NPM wohl eher ein internationales Muster von Reformen, mit verschiedensten Abweichungen und Einflüssen.«*[59]

2.2.1.3 Abgrenzung von der Bürokratie

NPM will einen Gegensatz zur Bürokratie darstellen und vor allem eine »Menschlichkeit« in die Verwaltung bringen. Der Faktor »Mensch« soll

53 *Schedler/Proeller*, New Public Management⁵ 37.

54 Z. B. Resolutionen des Nationalrates an die Bundesregierung nach dem Bundesverfassungsgesetz. Dabei werden seitens des Parlaments Wünsche über die konkrete Ausübung der Vollziehung dargetan. Vgl <parlament.gv.at/PERK/KONTR/POL/2ENTSCHLIESSUNGEN> (29. 4. 2017).

55 *Schedler/Proeller*, New Public Management^5 37.

56 Vgl *Pölsler*, Von der Hoheitsverwaltung zum Management öffentlicher Leistungen, in Bauer/Biwald/Dearing (Hrsg), Öffentliches Management in Österreich (2003) 205.

57 In der Literatur oft als »Managerialismus« bezeichnet.

58 *Knappe*, Die Eignung von New Public Management zur Steuerung öffentlicher Kulturbetriebe 53.

59 *Schedler/Proeller*, New Public Management^5 47.

insbesondere über die angestrebte Zufriedenheit aller Akteure (Kunden, Mitarbeiter und Bürger) Berücksichtigung finden.[60] Daneben finden sich erste Ansätze, mit dem steigendem Informationsbedürfnis der Gesellschaft umgehen zu müssen: »*In der Verwaltung, die sich durch besonders informationsintensive Produkte auszeichnet, wird es zukünftig eine Daueraufgabe eines Jeden sein, Informationen korrekt in die vorgesehene Gefässe einzugeben, damit sie später durch andere (vielleicht völlig vom eigenen Arbeitsplatz losgelöste) Verwaltungsstellen abgerufen werden können. Die Aktenmäßigkeit der traditionellen Bürokratie dürfte damit als Grundprinzip abgelöst werden von der umfassenden Informationsverantwortlichkeit der Mitarbeitenden.*«[61]

2.2.1.4 New Public Management versus Public Management

Der Begriff des New Public Management darf nicht mit Public Management verwechselt werden – dieses stellt als wissenschaftliche Disziplin die öffentliche Betriebswirtschaftslehre dar.[62] NPM nutzt Instrumente aus dem Public Management zur Verwirklichung seiner Ziele.

2.2.2 Ziele des New Public Management

Folgende Ziele des NPM können identifiziert werden[63] (sie sind je nach Umsetzung und Organisation in unterschiedlicher Dichte ausgeprägt, bilden jedoch einen gemeinsamen Nenner der verschiedenen Ansätze[64]):

---

60 *Schedler/Proeller*, New Public Management^5 65.

61 *Schedler/Proeller*, New Public Management^5 198.

62 *Knappe*, Die Eignung von New Public Management zur Steuerung öffentlicher Kulturbetriebe 58.

63 Vgl *Dearing* in Bauer/Biwald/Dearing, Öffentliches Management in Österreich, 83 (85); *Krönlein*, New public management (2012) 60ff; *Lane*, New public management 46; *Strehl*, Die Arbeitsweise der Verwaltung, in Holzinger/Oberndorfer/Raschauer B. (Hrsg), Österreichische Verwaltungslehre^2 (2006) 243ff.

64 Zu den verschiedenen Schulen des NPM vgl *Hack* in Bauer/Biwald/Dearing, Öffentliches Management in Österreich, 47 (53); *Schedler/Proeller*, New Public Management^5 40ff.

- Effizienz- und Effektivitätssteigerung durch
  - Leistungs- und Ergebnisorientierung,
  - Zielvorgaben und
  - Wirkungssteuerung
- Erreichen einer Transparenzsteigerung
- Einführen einer Organisationskultur
- Implementierung eines Qualitätsmanagements
- Wettbewerbsorientierung
- Kundenorientierung

2.2.3 Ausgewählte Kernelemente

Im Folgenden sollen einige zentrale Aspekte von NPM dargestellt werden (eine gesamthafte Darlegung würde den Rahmen bei Weitem sprengen), aus denen der Reformcharakter und die Output-Orientierung[65] ersichtlich ist. Diese Kernelemente sollen maßgeblich zur Umsetzung der vorgenannten Ziele beitragen.

2.2.3.1 Dezentralisierung

Dezentralisierung im Zusammenhang mit NPM bedeutet, dass einzelnen Organisationseinheiten der Verwaltung ein höheres Maß an autonomer Gestaltung ihrer Aufgaben (innerhalb des rechtlichen Rahmens) zugebilligt wird, diese im Gegenzug aber auch die Verantwortung für die Erreichung der vorgegebenen Ziele übernehmen müssen. Dabei wird die Funktion der Politik, die Strategien entwickelt und vorgibt, von der Verwaltung, die diese umsetzen soll, getrennt betrachtet – eine Rollenverteilung, der die Rechtsgrundlagen nicht immer Rechnung tragen.[66]

So wird im Rahmen von Dezentralisierungsbemühungen angestrebt, dass nicht nur die Fachverantwortung, sondern auch die Ressourcenverantwortung dezentral organisiert ist.[67] Praktisch verhindert ein solcher Zugang etwa eine zentrale Ressourcenzuteilung und führt zu eigenverantwortlich verwaltete Budgets, mit denen das Auslangen zu finden ist.

---

65 Vgl *Schedler/Proeller*, New Public Management^5 5.

66 Vgl *Strehl* in Holzinger/Oberndorfer/Raschauer B., Österreichische Verwaltungslehre 246ff.

67 Vgl *Hack* in Bauer/Biwald/Dearing, Öffentliches Management in Österreich, 47.

Neben der Finanzverantwortung wird aber auch die Personalverantwortung in untere Hierarchieebenen verlagert.[68]

Von der Dezentralisierung wird unter Zugrundelegung moderner Managementtheorien erwartet, dass sie zum Abbau von Komplexität, einem Mehr an Transparenz, der Schaffung von wettbewerbsähnlichen Systemen beiträgt und eine verbesserte Zuschreibbarkeit von Kosten und Leistungen ermöglicht.[69]

Man geht davon aus, dass Organisationseinheiten, denen größere Autonomie zugestanden wird, nach immer noch mehr Selbständigkeit streben – es wird daher wirksame Instrumente brauchen, um diese Tendenzen erkennen und unterbinden zu können.[70]

2.2.3.2 Ziel- und Leistungsvereinbarungen

Mit dem Instrument der Ziel- und Leistungsvereinbarung soll zwischen zwei Organisationseinheiten verschiedener Hierarchiestufen ein Verhältnis geschaffen werden, das der Rollenverteilung Auftraggeber – Auftragnehmer entspricht. Damit soll ein partizipativer Prozess die traditionell strengen Weisungszusammenhänge aufbrechen.[71] Entsprechend gute Leistungen sollen auch mittels Boni abgegolten werden können. Diesem Konzept stehen freilich bindende rechtliche Normen gegenüber - man denke etwa an das Beamtendienstrecht, das die Höhe der Bezüge oder die Bindung an Weisungen eindeutig regelt.[72]

Inhalt solcher Vereinbarungen können beispielsweise sein:[73]

- Ziele (qualitativ oder quantitativ[74])
- Leistungen, die die Organisationseinheit anzubieten hat

---

68 *Hack* in Bauer/Biwald/Dearing, Öffentliches Management in Österreich, 47 (54).

69 *Schedler/Proeller,* New Public Management[5] 100.

70 *Schedler/Proeller,* New Public Management[5] 111f.

71 *Maimer/Wirth,* Kontraktmanagement - Mit Leistungsvereinbarungen die ergebnisorientierte Steuerung unterstützen, in Bauer/Biwald/Dearing (Hrsg), Öffentliches Management in Österreich (2003) 31.

72 Vgl *Strehl* in Holzinger/Oberndorfer/Raschauer B., Österreichische Verwaltungslehre 249

73 Auszugsweise wiedergegeben aus *Strehl* in Holzinger/Oberndorfer/Raschauer B., Österreichische Verwaltungslehre 250.

74 *Meffert/Burmann/Kirchgeorg,* Marketing[12] (2015) 219ff.

- Ausmaß der übertragenen Autonomie
- Pflichten (Berichtswesen, Gewährung von Einsicht in Unterlagen etc.)
- Personalentwicklung, Aus- und Weiterbildung, Vorschlagswesen
- Grad der Budgetautonomie
- Bestellung der Leitung

Der Nachweis der Erfüllung oder Umsetzung erfolgt durch ein vorab definiertes und damit auf die Organisationseinheit zugeschnittenes Berichtswesen, daneben kommen weitere Controllinginstrumente zum Einsatz, um übergeordneten Ebenen Handlungsbedarf und Potentiale aufzuzeigen.[75]

2.2.3.3 Klare Trennung von Leistungsfinanzierern, -käufern und erbringern

Vor NPM standen sich bildlich gesprochen Bürger und Verwaltung gegenüber (vgl. Abbildung 2), im neuen Modell werden Funktionen ausdifferenziert und dadurch ein Markt mit Leistungsanbietern und abnehmern geschaffen, was Preisverhandlungen ermöglicht.

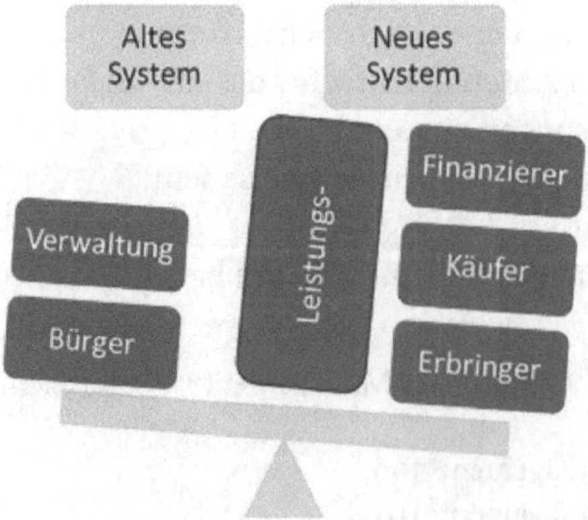

Abbildung 2: Funktionentrennung in NPM[76]

- Leistungsfinanzierer = Parlament:
  Üblicherweise entscheidet ein Parlament als Repräsentant des

75 *Hack* in Bauer/Biwald/Dearing, Öffentliches Management in Österreich, 47 (56)

76 Angelehnt an *Schedler/Proeller*, New Public Management[5] 103.

Staatsvolks über das Angebot an Gütern, die von der öffentlichen Hand bereitgestellt werden und wie die Finanzierung derselben erfolgen soll. Dabei hat der Leistungsfinanzierer die Möglichkeit, steuernd einzugreifen und auf die Umsetzung politischer Ziele hinzuwirken. Angedacht ist dabei eine vermehrte Einbindung der Bürger in politische Entscheidungen.

- Leistungskäufer = Verwaltungsspitze:
  Leistungskäufer sind zwischen Politik und der eigentlichen Verwaltung angesiedelt, regelmäßig wird es sich dabei um Spitzenpositionen in der Verwaltung handeln. Diesen soll nach betriebswirtschaftlichen Gesichtspunkten die Freiheit zukommen, zu erstellende Leistungen wahlweise von Dritten zu beschaffen oder durch die Verwaltung selbst erbringen zu lassen (*make-or-buy*-Entscheidung). Für Abweichungen oder Schlechterfüllung haben sie einzustehen – können sie die Erbringung nicht gewährleisten, tragen sie die Konsequenzen.
- Leistungserbringer = Verwaltung/Dritte:
  Bei den Erbringern der Leistung kann es sich um klassische Verwaltungseinheiten, aber auch ausgegliederte Rechtsträger oder Private handeln. Die organisatorische Verwirklichung spielt keine Rolle, sondern nur die Funktion. Diese Leistungserbringer erstellen die vordefinierten Leistungen und geben sie an ihre Kunden ab – dazu ist eine gewisse organisatorische Selbständigkeit notwendig, um Leistungen optimal erstellen zu können.

2.2.3.4 Controlling

Starke Wechselwirkungen hat das Controlling[77] vor allem mit den schon in Kapitel 2.2.3.1 »Dezentralisierung« beschriebenen Dezentralisierungstendenzen[78] – je dezentraler Strukturen gestaltet sind, desto wichtiger ist eine effektive Kontrolle und Steuerung.[79, 80]

---

77 Zur Frage, wie sich in öffentlichen Verwaltungen Controlling von der bloßen Kontrolle abgrenzen lässt vgl *Meyer/Leixnering*, Controlling - Kontrolle: Begriffsklärung aus Sicht der Betriebswirtschaftslehre, in KWG (Hrsg), Controlling & Kontrolle (2011) 1ff.

78 Siehe auch Kapitel 2.3.2 »Finanzverwaltung und Dezentralisierung« zur Stadt Wien.

79 *Schedler/Proeller*, New Public Management[5] 198.

80 Zur Notwendigkeit der Steuerung und deren Ziele vgl *Bachmann*, Cont-

*»Das **Ziel des Controllings** ist die Unterstützung der operativen und strategischen Unternehmensführung. Das Controlling macht auf Abweichungen aufmerksam, schlägt Gegensteuerungsmaßnahmen vor und stellt Informationen für die betrieblichen Entscheidungsträger bereit. Das Controlling stellt die Abweichungen fest und ist Berater der Unternehmensführung bei der Frage der Handlungsmöglichkeiten.«*[81]

Eng verzahnt mit dem Controlling ist weiters das Benchmarking: Dabei werden Vergleiche zwischen Organisationen mittels Messwerten angestellt. Es handelt sich um einen Kennzahlenvergleich, wie er in der Privatwirtschaft schon länger üblich ist.[82]

2.2.3.5 Rechnungswesen/Kosten- und Leistungsrechnung

Bei der im öffentlichen Haushaltswesen als Buchhaltungsform vorherrschenden Kameralistik handelt es sich im Grunde um eine Einnahmen-/Ausgabenrechnung, bei der ein vorab erstellter Budgetvorschlag möglichst erfüllt werden sollte und die Ausgaben von den Einnahmen abzudecken sind.[83] Über das real vorhandene Vermögen und die aufgelaufenen Schulden gibt dieses Rechnungssystem kaum Aufschluss, was einer der größten Kritikpunkte ist.

Demgegenüber kann die doppelte Buchführung, die in der Privatwirtschaft vorherrschend (und teilweise verpflichtend ist[84]) ist, mehr leisten: Vermögen und Ertrag, Leistungsfähigkeit und eine vollständige Schuldendarstellung sind nur einige der Vorteile. Diese werden aber durch einen erhöhten Aufwand erkauft. Die Tendenz in der Verwaltungsführung geht dahin, dass vermehrt die doppelte Buchführung anzuwenden ist.

Festgehalten werden muss an dieser Stelle jedoch, dass nicht das System der kameralistischen Buchführung an sich verkehrt ist,

---

rolling für die öffentliche Verwaltung² (2009) 135ff.

81 Vgl *Brecht*, Controlling für Führungskräfte² (2012) 19 (Hervorhebungen im Original).

82 *Schauer*, Öffentliche Betriebswirtschaftslehre – Public Management² (2010).

83 Vgl *Papst*, Doppisches Rechnungswesen für Gebietskörperschaften – das Ende der Kameralistik?, RFG 2007/3, 108 (108).

84 Näheres in § 189 des Bundesgesetzes über besondere zivilrechtliche Vorschriften für Unternehmen (Unternehmensgesetzbuch – UGB), dRGBl. S 219/1897 i.d.g.F.

wie vielfach behauptet wird, sondern sie bloß fehlerhaft angewandt wird.[85,86]

2.2.3.6 Privatisierungen

Werden staatliche Aufgaben an private Rechtsträger ausgelagert, so kann dies in abgestufter Intensität geschehen – es wird demnach zwischen Organisations-, Aufgaben- und Vermögensprivatisierung unterschieden.[87] Bei der Organisationsprivatisierung wird das ausgegliederte Subjekt mit Rechtspersönlichkeit ausgestattet – entweder in Formen des Privatrechts (z. B. als GmbH oder als Aktiengesellschaft) oder in einer öffentlichrechtlichen Form (zu denken ist hier beispielsweise an Anstalten oder Fonds). Eine Aufgabenprivatisierung erlaubt es dagegen, einzelne Aufgaben von Privaten vollziehen zu lassen. Die Breite der Möglichkeiten reicht dabei von Beleihungen über Public-Private-Partnerships (dazu sogleich) bis hin zu Leasingmodellen. Teilweise wird Privaten schon im Vorfeld abverlangt, sich einem Wettbewerb zu unterziehen, z. B. im Wege einer Ausschreibung in einem Vergabeverfahren. Vermögensprivatisierungen gehen noch ein Stück weiter, da hierbei auch das Vermögen, das für die Herstellung der Leistungen erforderlich ist, an Private abgegeben wird – öffentliches Vermögen wird zu privatem Vermögen. Nicht in jedem Fall sind Privatisierungen das Mittel der Wahl, vorab ist sehr genau zu analysieren, ob Einsparungspotentiale auch wirklich realisiert werden können.[88]

Public-Private-Partnerships sind durch nachfolgende Merkmale gekennzeichnet,[89] es handelt sich dabei um eine:

---

85 *Klug*, Öffentliche Wirtschaftslehre (2011) 60; *Klug* (Hrsg), Haushaltsreform aus der Sicht der Städte und Gemeinden (2010) 59.

86 Wiewohl auch gegen die Anwendung der Doppik in der öffentlichen Verwaltung triftige Argumente vorgebracht werden können, siehe *Raupach/Stangenberg*, Doppik in der öffentlichen Verwaltung[2] (2009) 20f.

87 *Klug*, Öffentliche Wirtschaftslehre 48ff.

88 Vgl *Feigl, Georg, Heiling, Michael,* Was kosten Privatisierungen? <emedien.arbeiterkammer.at/viewer/resolver?urn=urn:nbn:at:at-akw:g-523812> (29. 4. 2017).

89 *Schliesky*, Public Private Partnership, in Mann/Püttner (Hrsg), Handbuch der kommunalen Wissenschaft und Praxis (2011) 247 (248 Rz 2).

- auf lange Sicht angelegte,
- durch privatwirtschaftlichen Vertrag geregelte
- Zusammenarbeit zwischen Hoheitsverwaltung und Privaten zur Erfüllung hoheitlicher Aufgaben
- mit Finanzierung durch den Privaten.
  Typische Beispiele sind der Straßenbau oder die Abfallwirtschaft.

2.2.4 Kritik an NPM

NPM ist in der Lehre und Praxis nicht vorbehaltlos angenommen worden und so gibt es eine breite Basis an Kritik und Gegenthesen.[90] Dafür wird in der Literatur als Grund vor allem die Vielschichtigkeit des Modells angegeben, die Widersprüchlichkeiten quasi produziert.[91]

2.2.4.1 Substanzlosigkeit

So wird etwa vorgebracht, NPM sei bloß ein inhaltsleerer Transfer von betriebswirtschaftlichen Techniken auf die öffentliche Verwaltung – einen eigenen Sinngehalt habe es nicht, ebenso wenig wie innovative Ideen. Im Kern bleibe es bei der Realisierung von Einsparungspotential, weiter gehe das Konzept nicht.[92] Dabei scheint das Problem zu sein, dass NPM ein breiter Begriff ist, unter dem mehr »verkauft« wird, als eigentlich darunter verstanden wird.[93] *Klug* weist darauf hin, dass eine lineare Übertragung profitorientierter Management-Methoden weder zielführend noch möglich sei.[94]

2.2.4.2 Einseitige Orientierung

NPM wird weiters vorgeworfen, nur dem Kostendruck unterworfen und deshalb einseitig orientiert zu sein. Zudem würden durch die ver-

90 *Knappe*, Die Eignung von New Public Management zur Steuerung öffentlicher Kulturbetriebe 90ff.

91 *Schedler/Proeller*, New Public Management[5] 305.

92 *Knappe*, Die Eignung von New Public Management zur Steuerung öffentlicher Kulturbetriebe 90.

93 *Schedler/Proeller*, New Public Management[5] 306f.

94 *Klug*, Öffentliche Wirtschaftslehre 47.

schiedenen Modelle wie Konzessionserteilung, Leasing, Sale and Lease back, PPP-Modelle u.m. (die ja alle aus einem finanziellen Hintergrund abgewickelt werden) rechtliche Gefahren eröffnet und divergierende Interesse der Teilnehmer in dem Vordergrund treten.[95]

2.2.4.3 Unrealistisches Staatsbild

Sowohl die hierzulande verfestigten Hierarchieebenen als auch die tradierten bürokratisch organisierten Strukturen stehen einer Vollimplementierung von NPM entgegen. Auch rechtlich ergeben sich zahlreiche Probleme, die durchaus verfassungs- und europarechtliche Dimensionen erreichen können – zu denken ist etwa an das Legalitätsprinzip der Bundesverfassung[96] oder die Garantien der Selbstverwaltung für Gemeinden (Kommunen). Vielfach wird vorgebracht, dass NPM den öffentlichen Sektor übermäßig neustrukturieren möchte.[97]

2.2.4.4 Aushöhlung und Entmachtung des Staates

Mehr Privat – weniger Staat: Dieses Schlagwort ist kennzeichnend für den Rückzug des Staates aus vielen von der Öffentlichkeit als wichtig angesehenen Bereichen, was häufig auch Kritik einbringt. Gleichzeitig wird eine Einflussnahme durch die Politik schwieriger, wenn sich der Staat aus bestimmten Bereichen zurückzieht und sie an Privaten überlässt, weil es keine direkten Weisungszusammenhänge mehr gibt und der Staat sich durch die Abgabe von öffentlichen Gütern in private Hände selbst ein Stück entmachtet.

Weiters führt eine zunehmende Fragmentierung der staatlichen Funktionen zu einem erhöhten Koordinationsbedarf zwischen den Einheiten.[98] Die vielfach vorgenommenen Auslagerungen können dazu führen, dass der Staat neu auftretende Problemstellungen nicht mehr effizient lösen kann – ein »hollow state« entsteht.[99]

Schedler/Proeller weisen zutreffend darauf hin, dass zu befürchten sei, »durch Auflockerung der strengen Hierarchie werde die nachträgliche

95 *Klug*, Öffentliche Wirtschaftslehre 47.
96 Art 18 Abs. 1 des Bundesverfassungsgesetzes (B-VG).
97 *Schedler/Proeller*, New Public Management^5 309.
98 *Schedler/Proeller*, New Public Management^5 307.
99 *Schedler/Proeller*, New Public Management^5 307.

Zuordnung politischer und administrativer Fehlleistungen an Verantwortliche erschwert.«[100]

Zumindest der totalen Aufgabe von Leistungen sind durch das Sozialstaatlichkeitsprinzip Grenzen gesetzt.[101]

2.2.5 Nach NPM?

2.2.5.1 Weiterentwicklung

Obwohl NPM wesentliche Impulse für die Neuorientierung der Verwaltung brachte, so ist es »*doch nicht mit voller Überzeugung als problemadäquat für die öffentliche Verwaltung erkannt*«[102] worden. Vor allem in der Wirkungsorientierung werden laufend Adaptierungen entwickelt und fließen regelmäßig in Gesetzgebungsprozesse ein.[103]

2.2.5.2 Ablöse von NPM durch Governance-Konzepte

Teilweise wird in der Literatur vertreten, dass (Good) Governance-Konzepte die Ablösung von NPM bedeuten könnten.[104] Diese Ansichten stehen einer Weiterentwicklung der öffentlichen Verwaltung zu einer Verwaltung 4.0 nicht entgegen – das Einbinden der Bürger im Rahmen von Partizipationsprozessen etwa ist wesentliches Element beider Konzepte.[105] Daneben ist Good Governance im Vergleich zu Verwaltung 4.0 weitgehend theoretisch konzipiert (vgl Kapitel 4 »Verwaltung 4.0«).

---

100 *Schedler/Proeller*, New Public Management^5 238.

101 *Klug*, Öffentliche Wirtschaftslehre 51.

102 *Klug*, Öffentliche Wirtschaftslehre 64

103 Vgl <.oeffentlicherdienst.gv.at/wirkungsorientierte_verwaltung/index.html> (29. 4. 2017).

104 *Knappe*, Die Eignung von New Public Management zur Steuerung öffentlicher Kulturbetriebe 92ff.

105 *Austrian Development Agency*, Good Governance <www.entwicklung.at/uploads/media/HB_Governance_de.pdf> (29. 4. 2017) 9.

2.3 NPM in Wien

2.3.1 Entwicklungen und Implementierung

2.3.1.1 Überblick

Vom ehemaligen Magistratsdirektor Dr. Ernst Theimer wurde schon im Jahr 1995 eine Projektgruppe für Verwaltungsmodernisierung eingerichtet und im Jahr 1998 sogar eine eigene Dienstanweisung zu diesem Thema (MD18902/98) erlassen.[106] Dass sich spätestens seit diesem Zeitpunkt die Stadt Wien der Notwendigkeit von Veränderungen bewusst ist, zeigt eine Aussendung aus dem Jahr 1995:

»Der Magistrat der Stadt Wien ist ein großer Dienstleistungskonzern, dessen Kunden die Menschen in dieser Stadt sind. Von den mehr als 70.000 MitarbeiterInnen sind nur etwa 7.000 im Rahmen der sogenannten Hoheitsverwaltung tätig, alle anderen im Dienstleistungssektor:

Krankenanstalten, Kindergärten, Feuerwehr, Kanalisation, Wasserwerke, Müllentsorgung etc. (Dabei ist noch zu berücksichtigen, daß auch zahlreiche Aufgaben der Hoheitsverwaltung, wie etwa der Baupolizei, Dienstleistungscharakter haben.)

Diesen Servicecharakter der Stadtverwaltung gilt es in den nächsten Jahren nach den Kriterien der Kundenorientiertheit und Effizienz forciert weiterzuentwickeln. Verwaltungsreform kann und darf in diesem Zusammenhang kein einmaliger Paukenschlag sein, sondern ein permanenter Optimierungsprozeß zur Anpassung von Organisations-, Entscheidungs- und Verfahrensstrukturen an sich verändernde Rahmenbedingungen und neue Entwicklungen.« [107, 108]

2.3.1.2 Entwicklung bis zum Jahr 2003

Die Stadt Wien gab zunächst den Auftrag, eine Ist-Analyse der städtischen (Verwaltungs-)Organisation zu erstellen um gesicherte Entschei-

---

106 Vgl *Hartl*, Eine Stadt positioniert sich neu New Public Management (NPM) als Reformstrategie des Magistrats der Stadt Wien am Beispiel der Wiener Berufsfeuerwehr (MA 68) (2012) 69.

107 Archivmeldung der Rathauskorrespondenz vom 22. 8. 1995, <wien.gv.at/rk/msg/1995/0822/011.html> (29. 4. 2017).

108 Es handelt sich um einen Auszug der Antrittspressekonferenz des neuen Magistratsdirektors.

dungsgrundlagen zu haben. Zwischen 1997 und 1988 erstellten sieben internationale Unternehmensberatungen »Umfassende Organisationsanalysen im Magistrat der Stadt Wien«,[109] was in weiterer Folge den Weg zu Reformen ebnete:[110] Die Untersuchungen kamen nämlich zu dem Ergebnis, dass die magistratische Verwaltung *»ordnungsgemäß und auf einem bemerkenswert hohen Niveau«*[111] funktioniere, allerdings ein erhebliches Einsparungspotential bestehe und *»der Magistrat zu einem Dienstleistungskonzern mit einer neuen Unternehmens- und Managementkultur weiterentwickelt werden«*[112] müsse. Außerdem gäbe es durchaus strukturelle Defizite.[113]

Im Jahr 2002 war New Public Management bereits soweit implementiert, dass es auch nach außen kommuniziert wurde.[114] Dabei wurde betont, dass folgende Elemente des NPM besonders im Vordergrund der Wiener Landesverwaltung und ihrer Reformbemühungen stehen:

- Ein neues Selbstverständnis als effizienter Dienstleister,
- die Konzentration auf Kernaufgaben,
- Kundenorientierung,
- E-Government und eine
- engere Zusammenarbeit der europäischen Hauptstädte.

Bei einer Konferenz im selben Jahr konnte bereits auf umgesetzte Maßnahmen bei der Einführung von NPM zurückgeblickt werden und über die weitere Entwicklung diskutiert werden.

Hervorgehoben wurde dabei die Bedeutung des strategischen Managements, des Kontraktmanagements, der Reform des Rechnungswesens und der Einführung einer outputorientierten Budgetierung sowie einer Produktsteuerung für die öffentliche Verwaltung.[115]

---

109 Archivmeldung der Rathauskorrespondenz vom 25. 11. 1998, <wien.gv.at/rk/msg/1998/1125/007.html> (29. 4. 2017).

110 Vgl auch *Bartsch/Sejrek-Tunke,* Innovative Verwaltung, in Holoubek/Madner/Pauer (Hrsg), Recht und Verwaltung in Wien (2014) 103 (105 Rz 7ff).

111 Archivmeldung der Rathauskorrespondenz vom 25. 11. 1998, <wien.gv.at/rk/msg/1998/1125/007.html> (29. 4. 2017).

112 Archivmeldung der Rathauskorrespondenz vom 25. 11. 1998, <wien.gv.at/rk/msg/1998/1125/007.html> (29. 4. 2017).

113 *Griebler,* Wiener Haushalt – Dezentrale Finanzen, in Holoubek/Madner/Pauer (Hrsg), Recht und Verwaltung in Wien (2014) 149 (160) Rz 34.

114 Archivmeldung der Rathauskorrespondenz vom 13. 4. 2002, <wien.gv.at/rk/msg/2002/0413/001.html> (29. 4. 2017).

115 Archivmeldung der Rathauskorrespondenz vom 19. 3. 2002, <wien.gv.at/

Treffend fasste der damalige Magistratsdirektor Dr. Ernst Theimer die Entwicklungen so zusammen:

»*New Public Management bedeute in diesem Zusammenhang* [...] *nicht die Umsetzung irgendeiner reinen Lehre, sondern die praktische Überwindung der traditionellen linearen Strukturen klassischer öffentlicher Verwaltungen in Richtung einer modernen Konzernstruktur und Unternehmenskultur, um den neuen Anforderungen gerecht werden zu können. Der begonnene Reformprozess sei grundsätzlich unumkehrbar, im Einzelnen können sich auf Grund der praktischen Erfahrungen immer wieder Modifizierungen als sinnvoll erweisen.*«[116]

2.3.1.3 Neuere Entwicklungen

In einer Zwischenbilanz aus dem Jahr 2003 wurden erste Erfolge sichtbar. So gab es unter anderem positive Umsetzungsmaßnahmen bei[117]

- der Steigerung der Eigenverantwortung der Fachdienststellen: operative Aufgaben wurden an untergeordnete Ebenen übertragen,
- der dezentralen Budgetverantwortung: Die Ressourcenverantwortung wurde auf Geschäftsgruppenebene verlagert und
- dem Aufbau eines wirksamen Controllingsystems und dem Aufbau eines Kontraktmanagements zur Steuerung von Zielvereinbarungen.

Seitdem hat Wien zahlreiche Schritte gesetzt, um die Verwaltung zu modernisieren. Gerade im Bereich der Implementierung von Informations- und Kommunikationstechnologie und einem effizienten Rechnungswesen hat sich einiges getan. Laut Aussage des Wiener Bürgermeisters Dr. Michael Häupl in einer Rede vom 24. November 2015 im Wiener Gemeinderat könnten in Wien schon zwei Drittel aller Amtswege bereits mithilfe neuer Medien erledigt werden.[118]

---

rk/msg/2002/0319/014.html> (29. 4. 2017).

116 Archivmeldung der Rathauskorrespondenz vom 19. 3. 2002, <wien.gv.at/rk/msg/2002/0319/014.html> (29. 4. 2017).

117 Vgl *Aulehla*, New Public Management am Beispiel des Magistrats der Stadt Wien, in Bauer/Biwald/Dearing (Hrsg), Öffentliches Management in Österreich (2003) 169 (174f).

118 Regierungserklärung 2015. Rede von Bürgermeister Michael Häupl vom 24. November 2015 im Wiener Gemeinderat, <wien.gv.at/politik/strategien-konzepte/regierungserklaerung-2015> (29. 4. 2017).

Auch auf internationaler Ebene findet das Engagement Wiens Anerkennung: Im Jahr 2011 gewann Wien unter 227 Einsendungen einen der drei Hauptpreise des »European Public Sector Award«, der alle zwei Jahre vergeben wird.[119]

2.3.2 Fallstudie: Finanzverwaltung und Dezentralisierung

2.3.2.1 Umbau der städtischen Finanzverwaltung

An der Finanzverwaltung ist die Hinwendung zu NPM besonders gut ersichtlich, weswegen sie stellvertretend für viele andere Entwicklungen hier kurz dargestellt werden soll. Seit dem Jahr 2001 wird in Wien unter dem Schlagwort des »Wiener Finanzmanagements« eine Strategie der Dezentralisierung (und damit die erhöhte Eigenständigkeit und -verantwortung von Organisationseinheiten) verfolgt.

Kern des Umbaus der Finanzverwaltung und der damit einhergehenden Dezentralisierung der Budgetverantwortung war das Herunterbrechen des vorher bestehenden »Finanztopfs« der Stadt Wien auf die einzelnen Geschäftsgruppen[120, 121] (vgl Kapitel 5.1.2 »Ausgestaltung der Wiener Landesverwaltung« zur Gliederung der Stadtverwaltung), die seitdem eigenverantwortlich Schwerpunkte festlegen und die dafür benötigten Mittel nach eigenen Prioritäten bereitstellen konnten.[122]

Zusätzlich wurde die Möglichkeit geschaffen, Anschaffungen im Sachbereich mit Einsparungen im Personalbereich zu finanzieren.

2.3.2.2 Rechtliche Implementierung

Diese Neuerungen wurden mit einem Controlling- und Berichtswesen[123] verknüpft und ein Kontraktsystem implementiert, das den Ab-

---

119 Vgl <neuundkuehn.at/index.php?id=149> (29. 4. 2017).

120 Sogenannte Globalbudgets, vgl *Klug*, Öffentliche Wirtschaftslehre 63.

121 § 86 Abs 3 Wiener Stadtverfassung schafft auch eigene Mittel auf Bezirksebene, vgl zu diesem Spezialthema *Griebler* in Holoubek/Madner/Pauer, Recht und Verwaltung in Wien, 149.

122 *Bartsch/Sejrek-Tunke* in Holoubek/Madner/Pauer, Recht und Verwaltung in Wien, 103 (106 Rz 11).

123 Vgl dazu *Griebler* in Holoubek/Madner/Pauer, Recht und Verwaltung in Wien, 149 (162 Rz 42ff).

schluss von Leistungsvereinbarungen ermöglicht.

Rechtstechnisch erfolgte die Umsetzung dieses Reformteils in der Geschäftsordnung für den Magistrat der Stadt Wien (GOM)[124].

§ 11 GOM lautet:

(1) Leistungskontrakte dienen zur Steuerung der Tätigkeit der Dienststellen. (2) Sie werden zwischen dem amtsführenden Stadtrat oder der amtsführenden Stadträtin, zu dessen bzw. deren Geschäftsgruppe die Dienststelle gehört, dem Magistratsdirektor bzw. der Magistratsdirektorin und dem Dienststellenleiter oder der Dienststellenleiterin abgeschlossen. Bei Dienststellen, die keiner Geschäftsgruppe angehören, erfolgt der Abschluss zwischen Magistratsdirektor bzw. Magistratsdirektorin und Dienststellenleiter oder Dienststellenleiterin. (3) Die Erreichung der vereinbarten Ziele ist nach den näheren Festlegungen in den Leistungskontrakten zu evaluieren und schriftlich zu berichten. (4) In jeder Geschäftsgruppe ist eine Controllingstelle einzurichten.

2.3.2.3 Der Wiener Weg der Verwaltungsmodernisierung

Die drei genannten Elemente »Geschäftsgruppenbudgetierung«, Controlling« und »Kontraktwesen« bilden gemeinsam den sogenannten »Wiener Weg der Verwaltungsmodernisierung«.[125] Wien hat damit schon früh wesentliche Punkte des NPM für sich entdeckt und adaptieren können.

Insgesamt kann festgehalten werden, dass die Stadt Wien einen eigenständigen, aber erfolgreichen Weg beschritten hat und zur Weiterentwicklung zahlreicher Konzepte beigetragen hat.[126]

---

124 Geschäftsordnung für den Magistrat der Stadt Wien (GOM), ABl. 2007/28 i.d.F. ABl. 2011/30.

125 *Bartsch/Sejrek-Tunke* in Holoubek/Madner/Pauer, Recht und Verwaltung in Wien, 103 (106) Rz 13.

126 Vgl *Bauer,* New Public Management und Governance – Strategien zur nachhaltigen Weiterentwicklung der öffentlichen Verwaltung, in Bauer/Biwald/Dearing (Hrsg), Öffentliches Management in Österreich (2003) 11.

3. Industrie 4.0

Im folgenden Kapitel soll die Basis für ein Verständnis der notwendigen Bedingungen für Industrie 4.0 gelegt werden, um in weiterer Folge die Nutzbarkeit für die öffentliche (Wiener Landes-)Verwaltung analysieren zu können (Kapitel 4). Vor allem soll aufgezeigt werden, worin die Vorteile einer umfassenden Vernetzung bestehen und wie weit diesbezügliche Entwicklungen schon fortgeschritten sind. Abschließend soll ein kurzer Befund über Industrie 4.0 in Wien aufgenommen werden.

3.1 Übersicht

3.1.1 Bezeichnung und Herleitung

Für das Verständnis des Phänomens »Industrie 4.0« ist zunächst der Begriff selbst abzustecken. Dazu ist es notwendig, den Verlauf der industriellen Produktion kurz darzustellen.

3.1.1.1 Drei industrielle Revolutionen

Ausgehend von England kam es ab der zweiten Hälfte des 18. Jahrhunderts zu einer Umgestaltung der Produktionsprozesse, die derart intensiv in das Wirtschaftsleben und die soziale Wirklichkeit eingriff, dass sie als Revolution bezeichnet wird: die industrielle Revolution. Sie brachte den systematischen Einsatz von Maschinen mit sich (zunächst vor allem im textilverarbeitenden Bereich, wie etwa mit dem mechanischen Webstuhl oder der Spinnmaschine) und wird von den Geschichtswissenschaften als ähnlich wichtig angesehen wie der Übergang vom Nomadentum zu Sesshaftigkeit und Ackerbau[127] (die sogenannte neolithische Revolution[128]).

---

127 *Cipolla,* Die Industrielle Revolution in der Weltgeschichte, in Bochardt/Cipolla (Hrsg), Europäische Wirtschaftsgeschichte (1985) 1ff.

128 Vgl *Pierenkemper,* Wirtschaftsgeschichte (2010) 21.

Um das Jahr 1900 lässt sich eine weitere tiefgreifende Entwicklung identifizieren, deren Auswirkungen bis in die heutige Zeit reichen: Der flächendeckende Einsatz von elektrischer Energie zum Antrieb von Produktionsanlagen erlaubte eine Massenfertigung am Fließband in bis dahin unerreichbaren Stückzahlen. Diese Umstellung in der Warenerzeugung wird als zweite industrielle Revolution bezeichnet.

Die dritte industrielle Revolution setzte schließlich in den 1970er Jahren des 20. Jahrhunderts ein. Sie brachte Computerisierung, eine weitgehende Automatisierung in der Fertigung und den Aufbau gänzlich neuer Industriezweige mit sich und wird auch als »mikroelektronische« bzw. »digitale Revolution« bezeichnet.

3.1.1.2 Die vierte industrielle Revolution

Wie in der Entwicklung von Informationstechnologie üblich, kann nun für die vergangenen Stufen der industriellen Revolution jeweils eine Versionsnummer vergeben werden – von »1.0« für die erste bis »3.0« für die dritte.[129] Nun wird klar, dass der Begriff »Industrie 4.0« eine Weiterentwicklung der Industrialisierung darstellen und die vierte industrielle Revolution symbolisieren soll.[130] Abbildung 3 (folgende Seite) verdeutlicht die vorangegangenen Entwicklungen: Aus dieser Abbildung geht auch der Kern der Neuerungen gegenüber Industrie 3.0 hervor: Es geht nicht mehr um den bloßen Einsatz von Informations- und Kommunikationstechnologie. Das revolutionäre ist die Nutzung von intelligent vernetzten Systemen, die es erlauben, dass die Produktion sich selbst organisiert bzw. optimiert (in sogenannten »Smart Factories«, zum Begriff vgl Kapitel 3.1.3 »Der Begriff ›Smart‹ und die Intelligenz von Dingen«) und eine Kommunikation direkt von Maschine zu Maschine bzw. zwischen Maschine und zu fertigendem Produkt stattfindet.

Treffend bringt es die acatech (die deutsche Akademie der Technikwissenschaften) auf den Punkt:

---

129 *Peßl/Ortner/Schweiger*, Industrie 4.0 Informationstechnologie verschmilzt mit Produktion, Productivity Management 2014/1, 59 (60).

130 Vgl auch *Lucke*, Smart Government <zu.de/institute/togi/assets/pdf/ZU-150914-SmartGovernment-V1.pdf> (10. 7. 2016) 6.

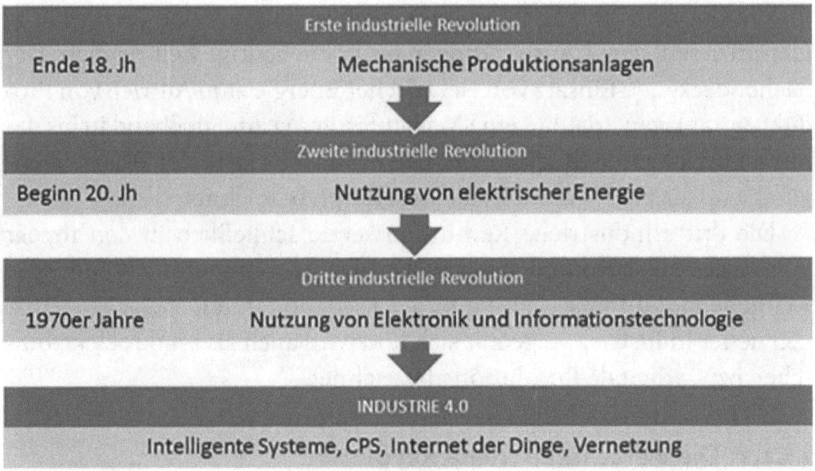

Abbildung 3: Entwicklung der Produktion[131]

»Industrie 4.0 meint im Kern die technische Integration von CPS in die Produktion und die Logistik sowie die Anwendung des Internets der Dinge und Dienste in industriellen Prozessen – einschließlich der sich daraus ergebenden Konsequenzen für die Wertschöpfung, die Geschäftsmodelle sowie die nachgelagerten Dienstleistungen und die Arbeitsorganisation.«[132, 133]

3.1.2 Entwicklung

Der Begriff der Industrie 4.0 kommt aus Deutschland[134] und ist ein

---

131 Angelehnt an *acatech/Promotorengruppe Kommunikation der Forschungsunion Wirtschaft – Wissenschaft,* Umsetzungsempfehlungen für das ZukunftsprojektIndustrie 4.0 <bmbf.de/files/Umsetzungsempfehlungen_Industrie4_0.pdf> (10. 7. 2016).

132 *acatech/Promotorengruppe Kommunikation der Forschungsunion Wirtschaft – Wissenschaft*, Umsetzungsempfehlungen für das Zukunftsprojekt Industrie 4.0 <bmbf.de/files/Umsetzungsempfehlungen_Industrie4_0.pdf> (10. 7. 2016) 18; *Lucke*, Smart Government <zu.de/institute/togi/assets/pdf/ZU-150914-SmartGovernment-V1.pdf> (10. 7. 2016) 6.

133 CPS steht für »Cyberphysische Systeme«, siehe Kapitel 3.2.1 »Enabler«.

134 Vgl überblicksweise *Lucke*, Smart Government <zu.de/institute/togi/assets/pdf/ZU-150914-SmartGovernment-V1.pdf> (10. 7. 2016) .

recht junger: er wurde erst im Jahr 2011 vorgestellt und erste Umsetzungsempfehlungen folgten kurz darauf.[135] Im Jahr 2013 legte das deutsche Bundesministerium für Bildung und Forschung ein ausgearbeitetes Zukunftsbild vor, in dem erstmals Voraussetzungen, Erfolgsfaktoren und Herausforderungen beschrieben werden.[136] Die Industrie selbst arbeitet seit dem Jahr 2014 in Arbeitsgruppen unter einer gemeinsamen Plattform an weiteren Schritten zur Verwirklichung.[137]

3.1.3 Der Begriff »Smart« und die Intelligenz von Dingen

3.1.3.1 Beschreibung und Anwendung

Die »Smart Factory« wurde bereits angesprochen (vgl Kapitel 1.6.1 »Smart«). Über das Präfix »smart« wird Produkten eine gewisse Intelligenz zugesprochen, die sie freilich nicht haben (vgl Kapitel 1.6.1 »Smart«). So kennt die Unterhaltungsindustrie Smart TV und Smartphone schon länger, neuerdings werden auch Alltagsgegenstände wie Zahnbürsten[138] oder Kaffeemaschinen[139] mit Netzwerkfähigkeiten angeboten.

Auf einem technisch anspruchsvolleren Level ist die Vernetzung von ganzen Fabriken möglich, in denen etwa Materialanforderungen nicht mehr per Hand bearbeitet werden müssen, sondern vollelektronisch von der ausführenden Maschine selbst erstellt und auch an den Zulieferer kommuniziert werden (die sogenannte »Smart Factory«). Smart Cities sind ein wichtiger Wirtschaftsfaktor geworden. Die Europäische Union fördert mittlerweile gezielt Smart-City-Projekte sowie Demonstrations- und Pilotprojekte.[140]

---

135 *acatech/Promotorengruppe Kommunikation der Forschungsunion Wirtschaft – Wissenschaft*, Umsetzungsempfehlungen für das ZukunftsprojektIndustrie 4.0 <bmbf.de/files/Umsetzungsempfehlungen_Industrie4_0.pdf> (10. 7. 2016)

136 *Bundesministerium für Bildung und Forschung,* Zukunftsbild »Industrie 4.0« <plattform-i40.de/I40/Redaktion/DE/Downloads/Publikation/zukunftsbild-industrie-4-0.html> (10. 7. 2016).

137 Zugänglich unter <plattform-i40.de> (29. 4. 2017).

138 <oralb-blendamed.de/de-DE/oralb-smartseries-elektrische-zahnbuerste-mit-bluetooth (29. 4. 2017).

139 <elektro.at/15.2.2016-Nespresso-neu-undamp-ganz-smart> (29. 4. 2017).

140 <smartcities.at/europa/eu-initiativen> (29. 4. 2017).

3.1.3.2 Abgrenzung

Abzugrenzen ist der Begriff »Smart« zunächst von der künstlichen Intelligenz.[141] Festzuhalten ist, dass solcherart vernetzte Systeme zwar anhand vordefinierter Parameter »eigene« Entscheidungen treffen können, dies jedoch nicht auf Grundlage eines eigenen Bewusstseins oder der Möglichkeit, eigenständiges Verhalten zu setzen (ein Lernmodul, das eine Anpassung an wechselnde Bedingungen erlaubt, kann aber integriert sein).

Ebenfalls nicht verwechselt werden darf intelligente Vernetzung mit vernetzter Intelligenz: Darunter wird nämlich der Zusammenschluss von Rechenleistung oder Wissen verstanden.

3.1.4 Gründe für eine Forcierung

Warum werden Objekte vernetzt? Zum einen können so neue Geschäftsfelder erschlossen werden[142] (vgl das obige Beispiel der vernetzten Zahnbürste), zum anderen können bestehende Produktionspotentiale besser genutzt werden. Beides generiert Umsatz – das Wachstumspotential der deutschen Wirtschaft in diesem Bereich wird auf 200 bis 425 Milliarden Euro bis 2025 geschätzt.[143] Dieses Potential soll genutzt werden, außerdem wollen viele Unternehmen den Anschluss an die Hochtechnisierung nicht verlieren.[144]

Von Seiten der Europäischen Union wurde das wirtschaftliche Potential der neuen IKT erkannt: Dem Förderungsschwerpunkt IKT standen für den Zeitraum der Jahre 2007 bis 2013 insgesamt neun Milliarden Euro zur Verfügung. Es sollte vor allem der Konnex zwischen dem Internet der Dinge und der industriellen Produktion erforscht werden.[145]

---

141 *Lucke*, Smart Government <zu.de/institute/togi/assets/pdf/ZU-150914-SmartGovernment-V1.pdf> (10. 7. 2016) 2.

142 *Lucke*, Smart Government <zu.de/institute/togi/assets/pdf/ZU-150914-SmartGovernment-V1.pdf> (10. 7. 2016) 3.

143 *Bundesministerium für Wirtschaft und Energie*, Industrie 4.0 und Digitale Wirtschaft (2015) 4.

144 Vgl *Lucke*, Smart Government <zu.de/institute/togi/assets/pdf/ZU-150914-SmartGovernment-V1.pdf> (10. 7. 2016) 6.

145 *acatech/Promotorengruppe Kommunikation der Forschungsunion Wirtschaft – Wissenschaft*, Umsetzungsempfehlungen für das ZukunftsprojektIndustrie 4.0

3.2 Technische Grundlagen und Voraussetzungen

3.2.1 Enabler

Als Enabler für Industrie 4.0 auf technischer Seite gelten folgende Technologien, die Schlüsseltechnologien in diesem Bereich darstellen:

1. Cyberphysische Systeme[146]

   In solchen Systemen sind real existierende Objekte derart mit Sensoren und Kommunikationstechnik ausgestattet und vernetzt, dass die Steuerung von Prozessen systemautonom erfolgen kann. Dies wird dadurch ermöglicht, dass ständig ein Austausch aktueller Daten über Zustand, Fortschritt, Standort, nächste Aktivitäten, Prozessdauer, den aktuellen Status, Materialverbrauch usw mit anderen Objekten in Echtzeit ausgetauscht werden, wodurch der Gesamtablauf optimiert wird.

   CPS sind auf mehreren Ebenen vernetzt. Unter anderem mit:

   - Sensoren: Diese Bauteile erfassen ihre Umwelt (bzw. bestimmte physikalische oder chemische Eigenschaften derselben[147]) und wandeln die erfassten Daten in ein maschinenlesbares Format um. Beispiele sind etwa die aus Smartphones bekannten Lage- oder Lichtsensoren. Bei einer Verknüpfung mehrerer Sensoren spricht man von Sensorknoten.
   - Aktoren: Sie greifen in die Umwelt ein und sind damit quasi der aktive Gegenpart zu Sensoren. Ein Beispiel wäre etwa eine elektronische Steuerung eines Antriebs.
   - anderen CPS: Damit wird durch die wechselseitige Interaktion und Abstimmung Dinge eine gewisse Intelligenz zugesprochen, vgl. Kapitel 3.1.3 »Der Begriff ›Smart‹ und die Intelligenz von Dingen«.
   - dem Internet: Durch die Zuweisung von IP-Adressen ist jedes einzelne System individuell ansprechbar und hat eine eindeutige Identität.
   - Menschen.

<bmbf.de/files/Umsetzungsempfehlungen_Industrie4_0.pdf> (10. 7. 2016) 75.

146 *Bundesministerium für Wirtschaft und Energie*, Industrie 4.0 und Digitale Wirtschaft 8; *Lucke*, Smart Government <zu.de/institute/togi/assets/pdf/ZU-150914-SmartGovernment-V1.pdf> (10. 7. 2016) 8.

147 *Lucke*, Smart Government <zu.de/institute/togi/assets/pdf/ZU-150914-SmartGovernment-V1.pdf> (10. 7. 2016) 12.

Für den störungsfreien Ablauf werden noch angemessene Sicherheitsniveaus und -maßnahmen zu finden sein.

2. Big Data[148]

   Big Data ist zwar definitionsgemäß keine Technologie,[149] gleichwohl muss dieses Phänomen als Voraussetzung für das Funktionieren von Industrie 4.0 zu den diesbezüglichen Schlüsselerscheinungen gezählt werden.[150]

   Die damit gemeinte intelligente (im Sinn von »sinnstiftende«) Verknüpfung der jetzt schon existierenden immensen Datenströme ist zwar rechtlichen Schranken unterworfen, erlaubt aber Wertschöpfungssteigerungen in großem Ausmaß: Als Beispiel sei etwa die Echtzeitsimulation von Märkten genannt.[151]

3. Cloud Computing

   Werden Daten nicht mehr nur lokal (auf eigenen Rechnern) gespeichert, sondern auf Servern, die über eine Internetanbindung von jedem Ort der Welt aus zu jeder denkbaren Zeit einer Vielzahl von (berechtigten) Nutzern zur Verfügung stehen, spricht man von einer Cloud. Die Ablage von (Firmen-)Daten in einer solchen Cloud bietet nicht nur zeitliche und räumliche Unabhängigkeit, sondern lässt auch eine optimale Verknüpfung mit cyberphysischen Systemen zu.

   Datenschutzrechtlich können sich in diesem Bereich jedoch Einschränkungen ergeben, vor allem was die Übermittlung von Daten ins Ausland anlangt.[152]

---

148 Vgl zum Phänomen Big Data *Dorschel*, Praxishandbuch Big Data (2015) mwN.

149 *Dorschel*, Praxishandbuch Big Data 5.

150 *Bundesministerium für Wirtschaft und Energie*, Industrie 4.0 und Digitale Wirtschaft 8.

151 Vgl *Dorschel*, Praxishandbuch Big Data 15 und 104ff.

152 Zur Datenübermittlung von persönlichen Daten in die USA beachte etwa die richtungsweisende Entscheidung des Europäischen Gerichtshofs zu deren Zulässigkeit und Voraussetzungen im Zusammenhang mit dem Safe Harbour Abkommen - vgl EuGH 6.10.2015, C-362/14 (Maximilian Schrems / Data Protection Commissioner); zu neueren Entwicklungen vgl *Führer*, Datentransfer ins Ausland – Eine Bestandsaufnahme zur Datenschutz-Grundverordnung der Europäischen Union und die Analyse ihrer Änderungen (2014).

4. Additive Fertigungstechniken[153]
   3D-Druckverfahren und die damit einhergehenden digitalen dreidimensionalen Darstellungsmethoden rücken immer mehr in den Fokus der Industrie. Neben der völligen Individualisierbarkeit von Kundenwünschen noch in der Fertigung können wertvolle Zeit und Kosten gespart werden.[154]

3.2.2 Kernelemente

Industrie 4.0 kann zwar mittels verschiedenster Definitionen festgemacht werden, die Kernelemente bleiben aber stets dieselben und sollen in Folge dargestellt werden (vgl Abbildung 4, S. 47).

3.2.2.1 Vernetzung – das Internet der Dinge

Beim Internet der Dinge handelt es sich definitionsgemäß um die »*Verknüpfung physischer Objekte (Dinge) mit einer virtuellen Repräsentation im Internet oder einer internetähnlichen Struktur. Die automatische Identifikation mittels RFID ist eine mögliche Ausprägung des Internets der Dinge; über Sensor- und Aktortechnologie kann diese Funktionalität um die Erfassung von Zuständen beziehungsweise die Ausführung von Aktionen erweitert werden.*«[155]

Es verbinden sich also zahlreiche vorgenannte Strukturen und Technologien zu etwas Größerem. Man geht davon aus, dass bis zum Jahr 2020 an die 32 Milliarden Objekte über das Internet der Dinge Daten austauschen. Bei diesen Objekten handelt es sich um große Industrieanlagen, Fahrzeuge, Haushaltsgeräte, Transportroboter usw.[156] Diese Geräte kommunizieren vielfach nicht mit Menschen, sondern

---

153 *Bundesministerium für Wirtschaft und Energie*, Industrie 4.0 und Digitale Wirtschaft 8.

154 *Bundesministerium für Wirtschaft und Energie*, Industrie 4.0 und Digitale Wirtschaft 9.

155 *acatech/Promotorengruppe Kommunikation der Forschungsunion Wirtschaft – Wissenschaft*, Umsetzungsempfehlungen für das ZukunftsprojektIndustrie 4.0 <bmbf.de/files/Umsetzungsempfehlungen_Industrie4_0.pdf> (10. 7. 2016) 85.

156 *Bundesministerium für Wirtschaft und Energie*, Industrie 4.0 und Digitale Wirtschaft 21.

untereinander und können sich auch wechselseitig identifizieren und zuordnen.

3.2.2.2 Vernetzung – das Internet der Dienste

Das Internet der Dienste ist jener »Teil des Internets, der Dienste und Funktionalitäten als granulare, web-basierte Software-Komponenten abbildet. Provider stellen diese im Internet zur Verfügung und bieten die Nutzung auf Anforderung an. Über Internetdiensttechnologien sind die einzelnen Software-Bausteine beziehungsweise Dienstleistungen miteinander integrierbar. Unternehmen können die einzelnen Software-Komponenten zu komplexen und dennoch flexiblen Lösungen orchestrieren (dienste-orientierte Architektur). Über cloud-basierte Entwicklungsplattformen kann eine Vielzahl an Marktakteuren sehr einfach internetfähige Dienstleistungen entwickeln und anbieten. Zudem entstehen Dienstplattformen, auf denen Kunden ein bedarfs- beziehungsweise prozessorientiertes Komplettangebot finden, statt Einzelangebote suchen, vergleichen und zusammenstellen zu müssen. Das Internet entwickelt sich so zum Baukasten für IKT-Anwendungen, -Infrastrukturen und -Dienste.«[157]

3.2.2.3 Intelligente Systeme

Unter der Intelligenz von Systemen versteht man Verfahren der Selbstoptimierung, der Selbstkonfiguration und Selbstdiagnose, die den Eindruck von Intelligenz vermittelt, auch wenn »bloß« dahinterliegende Programmierungen abgerufen und Routinen verfolgt werden (vgl Kapitel 3.1.3 »Der Begriff ›Smart‹ und die Intelligenz von Dingen«).

157 *acatech/Promotorengruppe Kommunikation der Forschungsunion Wirtschaft – Wissenschaft*, Umsetzungsempfehlungen für das ZukunftsprojektIndustrie 4.0 <bmbf.de/files/Umsetzungsempfehlungen_Industrie4_0.pdf> (10. 7. 2016) 85.

3.2.2.4 Zusammenfassende Darstellung

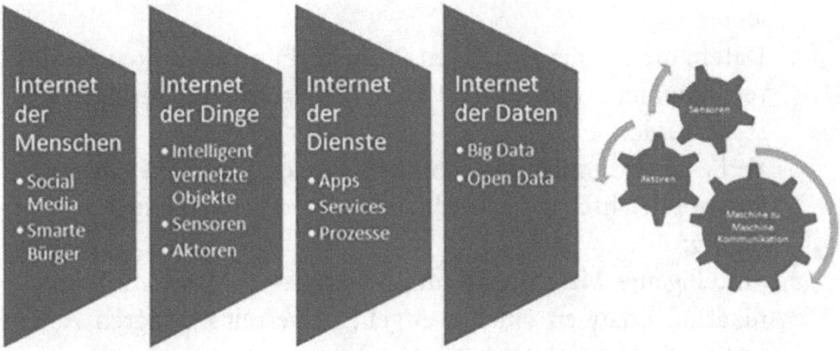

Abbildung 4: Zusammenfassende Darstellung Industrie 4.0[158]

3.3 Betriebswirtschaftliche Aspekte

Industrie 4.0 wird als einer der größten Wachstumsfaktoren für die Wirtschaft gesehen[159] – die Vorteile scheinen verlockend: Produktivitätssteigerung, Effizienz, weniger Ressourcenverbrauch, Optimierung auf allen Ebenen und Individualfertigung bis Losgröße 1 bei laufender Produktion.[160]

Sie entsteht jedoch nicht aus dem »nichts«: Viele Branchen sind von der Industrie abhängig – sei es als Zulieferer, Kunde oder Dienstleister. Dementsprechend weite Kreise werden sich auf die veränderten Bedingungen und Entwicklungsmöglichkeiten einstellen müssen.

In zahlreichen Bereichen der beteiligten (Teil-)Organisationen treten durch die Vernetzung in Echtzeit Veränderungen ein:[161]

- Produktentwicklung und Produktionsengineering:

158 Eigene Darstellung.

159 Vgl Kapitel 3.1.4 »Gründe für eine Forcierung«.

160 *Bundesministerium für Wirtschaft und Energie*, Industrie 4.0: Volks- und betriebswirtschaftliche Faktoren für den Standort Deutschland <bmwi.de/BMWi/Redaktion/PDF/F/industrie-4-0-volks-und_20betriebswirtschaftliche-faktoren-deutschland,property=pdf,bereich=bmwi2012,sprache=de,rwb=true.pdf> (10. 7. 2016) 15ff.

161 Vgl *Bundesministerium für Wirtschaft und Energie*, Industrie 4.0 und Digitale Wirtschaft 9ff.

- Produkte werden immer stärker individualisierbar, auch während des Fertigungsprozesses kann noch ohne Zeitverlust eingegriffen werden.
- Daten, die aus der laufenden Produktion oder smarten Produkten stammen, können den Entwicklern sofort zur Verfügung gestellt werden.
- Verbesserte Simulationstechniken und ausgereifte 3D-Druckverfahren erleichtern und beschleunigen die Entwicklung.

- Fertigung:
  - »Intelligente Maschinen« und Maschine-zu-Maschine-Kommunikation erlauben einen weitgehend verselbständigten Ablauf von Fertigungsprozessen.
  - Die Fertigung von Bauteilen bis hin zur »Losgröße 1« wird ohne Kostennachteile möglich, womit eine Attraktivitätssteigerung verbunden ist.
- Logistik:
  - Umfassende Vernetzung erlaubt es, Lager mit autonomen Fahrzeugen zu betreiben.
  - Auf einer übergeordneten Ebene werden Zulieferer und Kunden in die Lagerlogistik vollautomatisch eingebunden, was für verbesserte Planbarkeit und Transparenz sorgt.
- Nutzungsphase:
  - »Smart Services« verändern die Beziehung zwischen Kunden und Anbieter – klassische »After-Sales«-Dienstleistungen treten zurück.
  - Es soll möglich werden, dass nicht mehr das Produkt selbst, sondern nur noch seine (Produktions-)Funktion im Rahmen eines nutzungsabhängigen Bezahlmodells gehandelt wird.

3.4 Soziologische Grundlagen

3.4.1 Arbeit 4.0

Ändert sich das Umfeld, in dem produziert wird, so ändern sich auch automatisch die Arbeitsbedingungen und Arbeitsformen (man denke an Formen wie Telearbeit oder Crowdworking[162]). So kann mittlerweile

162 *Bundesministerium für Arbeit und Soziales,* Grünbuch – Arbeiten 4.0

auch klassische Erwerbsarbeit in einem vierstufigen Modell dargestellt werden, das sich an die Schritte der industriellen Revolutionen anlehnt und in der »Arbeit 4.0« mündet.[163]

Für die Arbeit 4.0 (die auch in der öffentlichen Verwaltung Einzug halten wird) hat das deutsche Bundesministerium für Arbeit und Soziales in einem Grünbuch festgehalten: »*Die wachsende Vernetzung und zunehmende Kooperation von Mensch und Maschine ändert nicht nur die Art, wie wir produzieren, sondern schafft auch ganz neue Produkte und Dienstleistungen. Durch den kulturellen und gesellschaftlichen Wandel entstehen neue Ansprüche an Arbeit, auch die Nachfrage nach Produkten und Dienstleistungen verändert sich.*«[164]

3.4.2 Herausforderungen

Diese Entwicklungen stellen durchaus ein Sinnbild für gesellschaftliche Entwicklungen dar und lassen einen Trend erkennen, der sich auch auf die Gesamtgesellschaft übertragen lässt: Die umfassende Vernetzung – ein Merkmal, das ganz zentral für Industrie 4.0 ist. Die strukturierte, hierarchische Gesellschaft ist langsam aber sicher überkommen und weicht einer vernetzten, dynamischen Gesellschaftsstruktur.[165]

Der demografische Wandel bedingt, dass das Durchschnittsalter der Erwerbstätigen kontinuierlich zunimmt.

Auf beide Phänomene wird reagiert werden müssen, sowohl seitens der Wirtschaft, als auch der Politik und der Verwaltung.[166]

<bmas.de/DE/Service/Medien/Publikationen/A872-gruenbuch-arbeiten-vier-null.html> (10. 7. 2016) 16.

163 *Bundesministerium für Arbeit und Soziales*, Grünbuch – Arbeiten 4.0 <bmas.de/DE/Service/Medien/Publikationen/A872-gruenbuch-arbeiten-vier-null.html> (10. 7. 2016) 34f.

164 *Bundesministerium für Arbeit und Soziales*, Grünbuch – Arbeiten 4.0 <bmas.de/DE/Service/Medien/Publikationen/A872-gruenbuch-arbeiten-vier-null.html> (10. 7. 2016) 35.

165 Vgl *Adam*, Bausteine der Wirtschaft[16] (2015) 278f.

166 Vgl *Hartmann*, Arbeitsgestaltung für Industrie 4.0: Alte Wahrheiten, neue Herausforderungen, in Botthof/Hartmann (Hrsg), Zukunft der Arbeit in Industrie 4.0 (2015) 9.

»*Eine wesentliche Rolle wird dabei der durch Industrie 4.0 einsetzende* ***Paradigmenwechsel in der Mensch-Technik- und Mensch-Umgebungs-Interaktion*** *spielen, mit neuen Formen der kollaborativen Fabrikarbeit in virtuell mobilen Arbeitswelten, der nicht zwangsläufig in der Fabrik stattfinden muss. Intelligente Assistenzsysteme mit multimodalen und bedienungsfreundlichen Benutzerschnittstellen werden die Beschäftigten in ihrer Arbeit unterstützen.*«[167]

Die rasch fortschreitende Digitalisierung der Welt findet also nicht nur auf technischer Ebene statt, sondern hat große Auswirkungen auf gesellschaftliche Entwicklungen[168] und schafft in diesem Bereich große Herausforderungen.[169]

Dass diese Herausforderungen bewältigbar sind, zeigen erste wissenschaftliche Auseinandersetzungen zur Frage, ob die Vernetzung unterschiedlicher soziokultureller Kategorien gewinnbringend sein kann (auch in Bezug auf die öffentliche Verwaltung).[170]

3.4.3 Neuere Entwicklungen

Abschließend sei noch erwähnt, dass in digitalen Umgebungen der »sharing is caring«-Gedanke längst Einzug gehalten halt: Mitfahrgelegenheiten werden per Uber gesucht,[171] die Nacht in einer fremden Stadt auf einer gemieteten Couch verbracht,[172] Wissen in Organisationen über in-

---

167 *acatech/Promotorengruppe Kommunikation der Forschungsunion Wirtschaft – Wissenschaft*, Umsetzungsempfehlungen für das ZukunftsprojektIndustrie 4.0 <bmbf.de/files/Umsetzungsempfehlungen_Industrie4_0.pdf> (10. 7. 2016) 27 (Hervorhebungen im Original).

168 Vor einigen Jahren wäre z. B. Crowdsourcing undenkbar gewesen, vgl z. B. *Clement*, Digitale Arbeitswelt am Beispiel des Crowdsourcings, ifo Schnelldienst 2015/10, 6.

169 Vgl *Bundesministerium für Arbeit und Soziales*, Grünbuch – Arbeiten 4.0 <bmas.de/DE/Service/Medien/Publikationen/A872-gruenbuch-arbeiten-vier-null.html> (10. 7. 2016) 14ff; *Bundesministerium für Wirtschaft und Energie*, Industrie 4.0 und Digitale Wirtschaft 3.

170 Vgl etwa *Kinne*, Diversity 4.0 (2016).

171 Eine Mitfahrplattform, an der private Autofahrer teilnehmen und Fahrten anbieten, aber auch (größtenteils private) Mietwagen vermittelt werden, vgl <uber.com/de-AT/cities/vienna> (29. 4. 2017).

172 Eine Plattform zur Vermietung von Schlafmöglichkeiten von der Couch

terne Wikis ausgetauscht,[173] nicht benötigtes Essen eingetauscht.[174] Diese Einstellung wird m. E. auch auf weitere Bereiche überschwappen und auch im (noch) strenger reglementierten Arbeitsleben Einzug halten.[175]

3.5 Zusammenfassung

Zusammenfassend lässt sich festhalten, dass Industrie 4.0 für die Volldigitalisierung und Vollvernetzung steht. Damit gehen Veränderungen in den Wertschöpfungsketten der Unternehmen einher und auch die Kommunikation zu den verschiedenen Stakeholdern verändert sich in zunehmendem Maße.

3.6 Industrie 4.0 in Wien

3.6.1 Die Pilotfabrik

Am 24. August 2015 wurde im jungen Wiener Stadtviertel »Seestadt Aspern« die erste österreichische Pilotfabrik, die auf Prinzipien der Industrie 4.0 aufbaut, eröffnet.[176] Dabei sollen Prototypen und Produktfertigung, technische Verfahren und die dahinterliegenden Prozesse bis zur Marktreife erforscht werden. Industriemaschinen und Logistiksystemen sind dabei real vorhanden und lassen es zu, dass Studierende (die Technische Universität Wien ist maßgeblich an dem Projekt beteiligt) und Wissenschaftler Tests und Forschungsprojekte umsetzen, ohne Produktionsabläufe zu behindern. Daneben dient sie als Aus- und Weiterbildungszentrum.

Eine laufende Evaluierung wird in die Planung weiterer Pilotfabriken einfließen, von denen bis 2017 drei weitere geplant sind.[177]

bis zum Ferienhaus, vgl <airbnb.at> (29. 4. 2017).

173 Auch die öffentliche Verwaltung geht mit diesem Trend, so z. B. das Bundeskanzleramt: <ag.bka.gv.at/at.gv.bka.wiki-bka/index.php/Hauptseite> (29. 4. 2017).

174 Via sogenanntem »Foodsharing«, vgl <stadt-wien.at/lifestyle/essen-trinken/foodsharing.html> (29. 4. 2017).

175 Etwa im Wege der »Share Economy«, die durch Teilen eine effizientere Nutzung von Gütern und Dienstleistungen erlaubt vgl *Bundesministerium für Wirtschaft und Energie*, Industrie 4.0 und Digitale Wirtschaft 19.

176 <tuwien.ac.at/aktuelles/news_detail/article/9629> (29. 4. 2017).

177 <plattformindustrie40.at/pilotfabrik> (29. 4. 2017).

3.6.2 Weitere Aspekte

Daneben ist Wien regelmäßig Standort von Kongressen zum Thema Industrie 4.0, wo ein Austausch auf hohem fachlichem Niveau erfolgt.[178]

Wien hat damit Erkenntnisse aus den laufenden Entwicklungen aus erster Hand greifbar – ob und wie neue Entwicklungen daraus Eingang in die öffentliche Verwaltung finden, wird die Zukunft zeigen. Erste Schritte sind damit jedenfalls gesetzt (vgl Kapitel 5.5 »Umsetzung von Aspekten der Verwaltung 4.0«)

178 Z. B. der Fachkongress Industrie 4.0, <industrieweb.at/fachkongressindustrieviernull> (29. 4. 2017).

4. Verwaltung 4.0

4.1 Definition

4.1.1 Ausgangsdefinition

Die gängige Häfler Definition von Verwaltung 4.0 lautet:[179]

»*Verwaltung 4.0 meint im Kern die technische Integration von cyberphysischen Systemen in die öffentliche Verwaltung sowie die Anwendung des Internets der Dinge und der Dienste im Rahmen der Prozesse des Regierens und Verwaltens – einschließlich der sich daraus ergebenden Konsequenzen für die Wertschöpfung, die Geschäftsmodelle sowie die nachgelagerten Dienstleistungen und die Arbeitsorganisation.*«

4.1.2 Erweiterte Definition

Diese eingängige Definition wurde in weiterer Folge erweitert und konkretisiert:[180]

»*Unter* ***Smart Government*** *soll die Abwicklung geschäftlicher Prozesse im Zusammenhang mit dem Regieren und Verwalten (Government) mit Hilfe von intelligent vernetzten Informations- und Kommunikationstechniken verstanden werden. Ein* ***intelligent vernetztes Regierungs- und Verwaltungshandeln*** *nutzt die Möglichkeiten intelligent vernetzter Objekte und cyberphysischer Systeme zur effizienten wie effektiven Erfüllung öffentlicher Aufgaben. Dies schließt das Leistungsportfolio von E-Government und Open Government einschließlich Big Data und Open Data mit ein. Im Kern geht es um ein nachhaltiges Regierungs- und Verwaltungshandeln im Zeitalter des Internets der Dinge und des Internets der Dienste, die technisch auf dem Internet der Systeme, dem Internet der Menschen und dem Internet der Daten aufsetzen. Diese Definition umfasst sowohl die lokale oder kommunale Ebene, die regionale oder Landesebene, die nationale oder Bundesebene sowie*

179 <zu.de/institute/togi/verwaltung40.php> (29. 4. 2017).

180 Zitiert nach: *Lucke*, Smart Government <zu.de/institute/togi/assets/pdf/ZU-150914-SmartGovernment-V1.pdf> (10. 7. 2016) 4 (Hervorhebungen im Original).

die supranationale und globale Ebene. Eingeschlossen ist somit der gesamte öffentliche Sektor, bestehend aus Legislative, Exekutive und Jurisdiktion sowie öffentliche Unternehmen.«

Smart wurde bereits definiert in Kapitel 1.6.1 »Smart« und in Kapitel 3.1.3 »Der Begriff ›Smart‹ und die Intelligenz von Dingen« weiter beschrieben – diese Beschreibung ist auch hier weiter gültig. Government meint ganz allgemein alle Prozesse im Zusammenhang mit dem Regieren.

4.2 Entwicklung und Einführung

4.2.1 Komponenten der Verwaltung 4.0

Erste wissenschaftliche Auseinandersetzungen mit Verwaltung 4.0 gab es in den Jahren 2013 und 2014 durch *Hogrebe* und *Kruse*. In diesen Arbeiten wurde erstmals Fragen aufgeworfen, mit welchen Modellen und Prozessen die Verwaltung auf Entwicklungen in der Industrie (vgl Kapitel 3 »Industrie 4.0«) reagieren kann. Festgehalten wurde darin, dass die Verwaltung vor immensen Aufgaben steht: Die demografische Entwicklung, die Notwendigkeit eines schuldenbremsenden Mechanismus und die damit verbundenen Einsparungen etwa würden die öffentliche Hand dazu zwingen, ihre Potentiale auszuloten.

Kruse/Hogrebe zeichneten in Folge eine »gesamtkonzeptionelle Entwicklung« und entwarfen eine Matrix, die Verwaltung 4.0 in sechs Perspektiven darstellt und eine Vielzahl einzelner Facetten und Komponenten aufzeigt (siehe Abbildung 5). Darin wird Verwaltung 4.0 aus folgenden sechs Blickwinkeln betrachtet, die zugleich eine gute Einführung ins Thema geben: In der Kundensicht ist vor allem der Bürokratieabbau hervorzuheben – eine Deregulierung soll mit einer umfassenden Serviceleistung an die Kunden einhergehen, in der über Zuständigkeiten und Kompetenzverteilungen hinweg der Bürger rasch, transparent und nachvollziehbar zu seinem Begehr kommt. Durch die Bereitstellung von Information sollen alle Beteiligten profitieren: Der umfassend informierte Bürger legt z. B. vollständigere und damit »entscheidungsreifere« Unterlagen vor – so zumindest die Annahme. Außerdem soll so auch die Anbindung an die Industrie 4.0 erleichtert werden.

In der Personalsicht wird anerkannt, dass das Personal das wichtigste Gut der öffentlichen Verwaltung ist – denn nur gutes Personal kann

Abbildung 5: Perspektiven und Komponenten der Verwaltung 4.0[181]

korrektes Ermessen ausüben. Schon jetzt ist es Realität, dass auch Behörden unter einer Unzahl an Studienabsolventen wählen können – die Konkurrenz um Talente hat den öffentlichen Sektor längst erreicht. Um aber als Arbeitgeber attraktiv zu bleiben und gute Mitarbeiter langfristig zu binden, wird es wichtig sein, flexible Arbeitszeitmodelle anzubieten und Leistung auch entsprechend zu entlohnen.

Aus organisatorischer Sicht wird zugestanden, dass Verwaltung kein Selbstzweck ist, sie wird sich an der Wirtschaft und der Öffentlichkeit anlehnen müssen, kurzum: Sie wird ein Dienstleiter sein müssen. Prozesse können bereits jetzt zum Teil automatisiert erfolgen – viel wichtiger wird die Vermeidung von Medienbrüchen und dem damit einhergehenden Manipulationsaufwand sein. Aus Sicht der Technik wird eine Ausweitung des E-Government-Angebots notwendig sein (bekannte und in der Praxis tragfähige Konzepte aus dem E-Government werden weiterhin zum Einsatz kommen), wobei Hindernisse wie Datenschutz und Datensicherheit entsprechend berücksichtigt werden müssen. Ein

---

181 Angelehnt an *Lucke*, Smart Government <zu.de/institute/togi/assets/pdf/ZU-150914-SmartGovernment-V1.pdf> (10. 7. 2016).

großer Bereich der IT-Lösungen wird cloud-basiert sein.
Effektivität und Effizienz beherrschen die Ressourcen- und Finanzsicht: auf die schlechte finanzielle Ausstattung der Verwaltung bei immer mehr Aufgaben und den sich daraus ergebenden Konsequenzen sei an dieser Stelle hingewiesen (vgl. Kapitel 1.6.1 »Smart«).

4.2.2 Der Begriff der »Verwaltung 4.0«

Vom Kompentenzzentrum Öffentliche IT des Fraunhofer Instituts wurde im Mai 2015 eine Arbeit veröffentlicht,[182] die fragt, was denn Verwaltung 4.0 ist. Vor allem stellte sich die Frage, ob die Verwaltung nur reagieren könne oder auch aktiv tätig werden könne.

Jedenfalls verbiete sich eine bloße Übertragung von Konzepten der (privaten) Industrie auf die öffentliche Hand.[183] Schließlich unterscheide sich das Konzept der Verwaltung 4.0 von einer umfassenden und

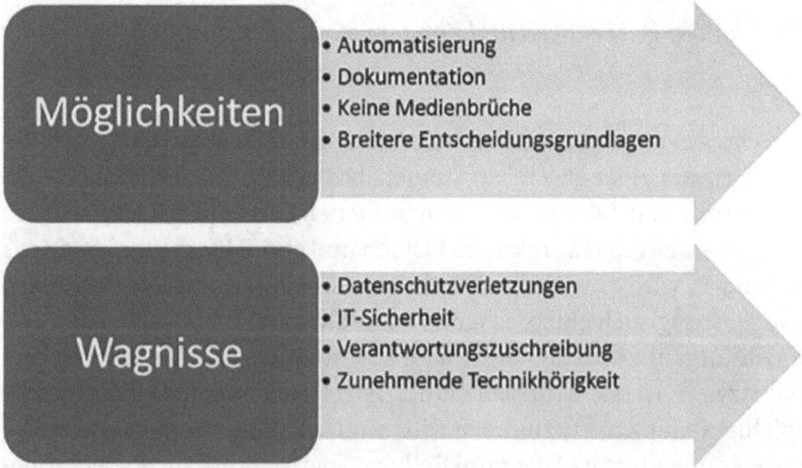

Abbildung 6: Erste Analyse der Verwaltung 4.0[184]

182 *Kompetenzzentrum* Öffentliche *IT*, Öffentliche Informationstechnologie in der digitalisierten Gesellschaft: Verwaltung x.0 <oeffentliche-it.de/documents/10181/15876/Verwaltung+x.0> (26. 5. 2016).

183 Vgl zur Übertragung von Managementtechniken der Privatwirtschaft auf die Verwaltung auch Kapitel 2.2 »New Public Management (NPM) als ›Verwaltung 3.0‹«.

184 Angelehnt an *Kompetenzzentrum* Öffentliche *IT*, Öffentliche Informationstechnologie in der digitalisierten Gesellschaft: Verwaltung x.0 <oef-

konsequenten Einführung von EGovernment-Lösungen nur unwesent lich. Dass der letztgenannte Punkt ein unberechtigter Vorwurf ist, wird im Laufe der weiteren Arbeit gezeigt – einen wichtigen Beitrag leistet jedoch die Darstellung von Möglichkeiten und Wagnissen (ähnlich einer SWOT-Analyse[185]), mit der die Hinführung zum Thema abgeschlossen wird (Abbildung 6).

4.3 Das Whitepaper 2015

4.3.1 Überblick

Richtig Fahrt aufgenommen hat die Diskussion um Verwaltung 4.0 aber erst mit *von Luckes* Whitepaper vom September 2015.[186] Damit sollte ein eigenständiges Konzept für den Umgang mit Herausforderungen, die sich aus cyberphysischen Systemen, dem Internet der Dinge usw ergeben, geschaffen werden. Den vorgenannten Beiträgen unterstellt von Lucke hierbei, dass eine ernsthafte Auseinandersetzung weitgehend ausgeblieben sei – sowohl mit der Vision, als auch mit den dahinterstehenden Konzepten. Ohne eine solche Auseinandersetzung bestehe die Gefahr, dass der Leitgedanke in einem »*Bullshit-Bingo der Verwaltungsmodernisierung*«[187] (sic!) untergehe.

Mit diesem Whitepaper als Referenz sollen die Eckpunkte der Verwaltung 4.0 aufgearbeitet werden und auch das nachfolgende Kapitel 5 »Die Situation in Wien«, das sich mit der Wiener Landesverwaltung beschäftigt, wird daran angelehnt sein.

Auf die zentralen Punkte des im vorigen Kapitels erwähnten Whitepapers soll daher kurz eingegangen werden – auch um nachfolgend auf sie referenzieren zu können.

---

fentliche-it.de/documents/10181/15876/Verwaltung+x.0> (26. 5. 2016).

185 SWOT steht für »Strengths, Weaknesses, Oppotunities, Threats« und ist eine gängige Matrixdarstellungsform, in der Chancen und Risiken mit Ressourcen verknüpft werden, vgl *Meffert/Burmann/Kirchgeorg*, Marketing[12] 224.

186 *Lucke*, Smart Government <zu.de/institute/togi/assets/pdf/ZU-150914-SmartGovernment-V1.pdf> (10. 7. 2016).

187 *Lucke*, Smart Government <zu.de/institute/togi/assets/pdf/ZU-150914-SmartGovernment-V1.pdf> (10. 7. 2016) 7.

4.3.2 Ein Leitbild für die Verwaltung 4.0

Ein Leitbild sollte nicht nur das Selbstverständnis einer Organisation darstellen, sondern darüber hinaus auch eine Perspektive bieten. *Von Lucke* hat sein Leitbild für die Verwaltung 4.0 folgendermaßen ausgestaltet:[188]

»*Intelligente Objekte wie etwa smarte Brillen, smarte Fernseher, interaktive Leinwände und vernetzte Kleidungsstücke können in Ministerien, Behörden, Entscheidungsprozessen und Verfahrensabläufen sehr unterschiedliche Verwendung finden. Das gewaltigste Veränderungspotential liegt jedoch nicht im intelligenten Papier, sondern in dessen Überführung in ein intelligentes elektronisches Format. Die flächendeckende Einführung interoperabler elektronischer Akten- und Vorgangsbearbeitungssysteme verlagert Dokumente, Akten, Vorgänge und darauf aufsetzende Dienste in das Internet der Dinge und das Internet der Dienste. Zentrale Aufgaben der Informationsverarbeitung und Entscheidungsfindung lassen sich hochautomatisiert gestalten, ohne (dabei) menschliche Entscheidungsträger aus ihrer Verantwortung zu entlassen. Dies ermöglicht eine stärkere Massenbearbeitung von Einzelanträgen, Rechnungen und Genehmigungsprozessen. Intelligente Vorgänge unterstützen aktiv die Vorgangsbearbeitungsprozesse. Vorgänge steuern sich selbst durch Zuständigkeiten und dynamische Wertschöpfungsnetzwerke. Autonome, sich selbst organisierende Vorgangsbearbeitungssysteme mit Genehmigungsfiktion ersetzen die bewährte papierbasierte wie botenlastige Aktenhaltung. Portalbasierte einheitliche Ansprechpartner kümmern sich um das gesamte Anliegen der Bürger und Unternehmen, ohne diese mit administrativen Kenntnissen zu überfordern. Proaktive Verwaltungsleistungen und intelligente Bescheide ergänzen das Leistungsportfolio. All diese neuartigen kooperativen Ansätze stärken die dynamische Selbstorganisation und können zur Auflösung von klassischen Zuständigkeits- und Fachbereichsgrenzen führen.*«

Ob und inwieweit dieses auf die Wiener Landesverwaltung übertragbar ist, wird noch zu zeigen sein (vgl. Kapitel 5.1 »Die Wiener Landesverwaltung«).

---

188 *Lucke*, Smart Government <zu.de/institute/togi/assets/pdf/ZU-150914-SmartGovernment-V1.pdf> (10. 7. 2016) 8.

4.3.3 Erste empirische Befunde

Es mag verwundern, dass es schon eine erste empirische Untersuchung gibt, diese ist jedoch wegen der geringen Teilnehmerzahl und dem eng umgrenzten Fragestellungen im Zusammenhang mit der vorliegenden Darstellung nicht weiter verwertbar.[189]

189 Siehe *Lück-Schneider/Gordon/Kaiser/Lucke/Schweighofer/Wimmer/Löhe,* Verwaltung 4.0 – Erste empirische Befunde <subs.emis.de/LNI/Proceedings/Proceedings229/29.pdf> (26. 5. 2016).

5. Die Situation in Wien

5.1 Die Wiener Landesverwaltung

5.1.1 Föderale Rechtsgrundlagen

5.1.1.1 Österreich als Bundesstaat

In Österreich ist das Prinzip der Bundesstaatlichkeit (auch Föderalismus genannt) in der Verfassung verankert.[190] Es ist eines der tragenden Prinzipien des österreichischen Staates,[191] das nur unter sehr erschwerten Bedingungen abgeändert werden könnte.

Dieses Prinzip bedeutet zunächst abstrakt, dass es einzelne (Bundes) Länder gibt, die sich zu einem Bund (quasi dem Oberstaat) zusammenschließen, dabei aber eine gewisse Selbständigkeit behalten.192 Österreich besteht daher eigentlich aus zehn Staaten:193 einem Bund und neun eigenständigen Ländern.

5.1.1.2 Abänderung

Der Föderalismus als bundesstaatliches Verfassungsprinzip ist jenes Prinzip, das am schwersten abgeändert werden kann. Neben erhöhten

---

190 Art 2 Abs 1 und 2 Bundesverfassungsgesetz (B-VG) lauten auszugsweise: »*(1) Österreich ist ein Bundesstaat.*
(2) Der Bundesstaat wird gebildet aus den selbständigen Ländern: Burgenland, Kärnten, Niederösterreich, Oberösterreich, Salzburg, Steiermark, Tirol, Vorarlberg, Wien.«.

191 Um die Wichtigkeit dieses Prinzips zu verdeutlichen, soll hier nur festgehalten werden, dass es auf einer Ebene mit der Demokratie, der Republik und der Rechtsstaatlichkeit steht. Vgl *Berka*, Verfassungsrecht[6] (2016) 34 Rz 109ff.

192 Das Gegenteil zu einem Bundesstaat wäre der Einheitsstaat, in dem weitere Untergliederungen bloße Verwaltungseinheiten sind, wie dies z. B. in Frankreich der Fall ist.

193 Als konstituierend für das Vorhandensein eines Staates gilt das Vorliegen dreier Merkmale: Es muss ein Staatsgebiet, ein Staatsvolk und eine Staatsgewalt geben.

Anwesenheitsvoraussetzungen der Nationalratsabgeordneten ist bei (allen) Verfassungsänderungen eine Zweidrittelmehrheit an Zustimmung erforderlich. Dazu tritt die Zustimmungspflicht der Länder, das Vetorecht des Bundesrates und die Verpflichtung, eine Volksabstimmung durchzuführen.[194]

5.1.1.3 Ausgestaltung

Kern des bundesstaatlichen Prinzips ist eine Verteilung von Kompetenzen zwischen dem Bund und den Ländern, die in der Verfassung niedergeschrieben ist (in den Artikeln 10 bis 15 des Bundes-Verfassungsgesetzes[195]). Dabei wird jede denkbare Materie (z. B. das Forstwesen oder der Konsumentenschutz) entweder dem Bund oder den Ländern in Gesetzgebung und/oder Vollziehung zugewiesen – es handelt sich um eine Machtverteilung im Staatsgefüge ähnlich der Gewaltenteilung zwischen Gesetzgebung und Vollziehung.[196] Es ist ausgeschlossen, dass eine Materie beiden oder keinem Kompetenzträger zugewiesen ist.[197] Die Kompetenz zur Festlegung von Kompetenzen (also der Frage, wem welche Kompetenz eingeräumt wird) kommt dem Bund zu – überhaupt lässt sich sagen, dass ihm auch die wichtigeren und umfassenderen Kompetenzen zukommen.[198]

Daneben wirken die Länder an der Gesetzgebung des Bundes mit und vollziehen im Rahmen der mittelbaren Bundesverwaltung Bundesmaterien, wodurch sich die bundesstaatliche Ausprägung verdichtet.[199]

5.1.2 Gemeinden

5.1.2.1 Das Subsidiaritätsprinzip

Das Subsidiaritätsprinzip besagt ganz allgemein, dass die kleinstmögliche Einheit möglichst viele Aufgaben eigenverantwortlich wahrnehmen

---

194 Vgl *Berka*, Verfassungsrecht^6 199, Rz 620.
195 Bundes-Verfassungsgesetz (B-VG), BGBl. Nr. 1/1930 (WV) i.d.g.F.
196 Vgl *Gamper*, Staat und Verfassung^2 (2010) 89.
197 Vgl *Gamper*, Staat und Verfassung^2 91ff.
198 *Berka*, Verfassungsrecht^6 49 Rz 163ff.
199 Zu den Vollziehungsformen vgl *Höllbacher*, Unmittelbare Bundesverwaltung (2013) 3ff.

soll – erst wenn sie diese Aufgaben alleine nicht mehr wahrnehmen kann, sollen größere Einheiten »einspringen«. Örtlich begrenzt wirksame Entscheidungen sollen also auch innerhalb dieser Grenze getroffen werden und Außenstehende weniger Mitspracherechte haben.[200]

5.1.2.2 Gemeinden in Österreich

Gemeinden bilden die kleinsten Einheiten des Staatsgebiets. Ihnen ist ein Recht auf Selbstverwaltung verfassungsgesetzlich garantiert.[201] Damit ist es ihnen gestattet, innerhalb ihres eigenen Wirkungsbereichs unabhängig und weisungsfrei zu agieren.[202] Neben dieser Eigenschaft als Selbstverwaltungskörper sind sie aber auch Verwaltungssprengel und Gebietskörperschaft.[203] Jeder Gemeinde ist als Hilfsapparat ein Gemeindeamt zugeordnet.

5.1.3 Wien als »rechtliche Besonderheit«

Der Bundeshauptstadt Wien kommen einige Besonderheiten in rechtlicher Hinsicht zu. Sie ist nämlich Statutarstadt, Gemeinde und Bundesland in einem.[204] Staatlichen Organen kommen in Wien daher häufig Doppelstellungen zu:[205]

Funktion	*Doppelfunktion in Wien*
Gemeinderat	Landtag
Stadtsenat	Landesregierung
Bürgermeister	Landeshauptmann
Magistrat	Amt der Landesregierung
Magistratsdirektor	Landesamtsdirektor

Abbildung 7: Doppelfunktionen der Wiener Landesverwaltung

200 Dieses Prinzip zieht sich bis zur Europäischen Union.
201 Art 116 Abs 1 B-VG.
202 *Eberhard,* Gemeinderecht, in Pürgy (Hrsg), Das Recht der Länder (2012) 593 633 Rz 50.
203 Vgl *Berka,* Verfassungsrecht^6 258 Rz 776.
204 Vgl *Bauer,* Amt der Landesregierung, in Pürgy (Hrsg), Das Recht der Länder (2012) 423 (428 Rz 7).
205 Art 108 B-VG.

Daneben ist noch zu erwähnen, dass der Hilfsapparat des Bürgermeisters und des Gemeinderats – das Gemeindeamt – gleichzeitig der Magistrat ist. Nach außen vertreten wird Wien durch den Bürgermeister.

Das Landesgebiet ist in 23 Bezirke gegliedert,[206] die jeweils eigene Organe (Bezirksvertretung, Bezirksvorsteher) haben.

In der Bundesverfassung behandeln die Artikel 108 bis 112 B-VG die Sonderstellung der Bundeshauptstadt und treffen grundsätzliche Anordnungen, die einer weiteren Ausgestaltung bedürfen. Besondere Vorrechte ergeben sich daraus jedoch nicht.

Die Stadtverfassung (die Artikel 108 bis 112 B-VG näher determiniert) ist zugleich Gemeindeordnung und Landesverfassung.[207]

Vor allem im System der Gemeindeaufsicht bestehen weitere Besonderheiten, die mangels Relevanz hier nicht weiter ausgeführt werden.[208]

5.1.4 Ausgestaltung der Wiener Landesverwaltung

Der Magistrat Wien (als hauptsächlicher Träger von Verwaltungsaufgaben) untergliedert sich in Geschäftsgruppen (Ressorts) unter der Leitung eines amtsführenden Stadtrats.[209] Diese können weiter in Abteilungen (Betriebe) und Unternehmungen aufgeteilt sei.

Derzeit sind folgende Geschäftsgruppen vorgesehen:[210]

- Geschäftsgruppe für Frauen, Bildung, Integration, Jugend und Personal
- Geschäftsgruppe für Finanzen, Wirtschaft und Internationales
- Geschäftsgruppe für Kultur, Wissenschaft und Sport
- Geschäftsgruppe für Gesundheit, Soziales und Generationen
- Geschäftsgruppe für Stadtentwicklung, Verkehr, Klimaschutz, Energieplanung und BürgerInnenbeteiligung
- Geschäftsgruppe für Umwelt und Wiener Stadtwerke

---

206 Siehe § 3 der Verfassung der Bundeshauptstadt Wien (Wiener Stadtverfassung – WStV), LGBl. 1968/28 i.d.g.F.

207 *Eberhard* in Pürgy, Das Recht der Länder, 593 (601 Rz 4).

208 *Eberhard* in Pürgy, Das Recht der Länder, 593 (633 Rz 50).

209 Diese sind Mitglieder des Stadtsenats, die nach einer Ressortverteilung bestimmte Bereiche wahrnehmen. Sie werden vom Gemeinderat gewählt, vgl *Eberhard* in Pürgy, Das Recht der Länder, 593 (601) Rz 4.

210 <wien.gv.at/verwaltung/organisation/koerperschaft/gemeinde/magistrat/einteilung.html> (29. 4. 2017).

- Geschäftsgruppe für Wohnen, Wohnbau und Stadterneuerung

Weiters bestehen insgesamt 60 Magistratsabteilungen, die den obigen Geschäftsgruppen zugewiesen sind sowie die ausgegliederten Unternehmungen[211] Wiener Krankenanstaltenverbund, Stadt Wien – Wiener Wohnen und Wien Kanal. Keine Zuordnung zu Geschäftsgruppen besteht für die Magistratsdirektion, den Stadtrechnungshof und die 19 magistratischen Bezirksämter.

5.2 Die »Smart City« Wien

5.2.1 Strategieentwicklung

Das Bundesministerium für Verkehr, Innovation und Technologie (BMVIT) und der Klima- und Energiefonds arbeiten seit dem Jahr 2010 gemeinsam an der Entwicklung von Strategien im Bereich der Smart Cities.[212] Im Rahmen des Forschungs- und Technologieprogramms »Stadt der Zukunft« wurden bereits drei Ausschreibungen umgesetzt, die folgende Themenbereiche abdeckten:

- Energieorientierte Stadtplanung
- Technologieentwicklung für die Gebäudeoptimierung und modernisierung
- Demonstrationsgebäude und -siedlungen
- Technologien und Geschäftsprozesse für urbane Energiesysteme
- Strategische Fragestellungen / Crazy Ideas

5.2.2 Transparenz, Partizipation und Kollaboration

Wien hat die Ziele Transparenz, Partizipation und Kollaboration und ein »Ja« zu Open Government seit 2010 im Regierungsprogramm ver-

---

211 Diese Unternehmungen gründen auf § 71 der Verfassung der Bundeshauptstadt Wien (Wiener Stadtverfassung – WStV). Sie dürfen nicht mit eigenständigen Unternehmen, deren Eigentümer die Stadt Wien ist, verwechselt werden – wie etwa der Wiener Stadtwerke Holding AG, die eine Aktiengesellschaft ist. Vgl *Bartsch/Sejrek-Tunke* in Holoubek/Madner/Pauer, Recht und Verwaltung in Wien, 103 (110 Rz 30).

212 Vgl <smartcities.at/foerderung/programm-stadt-der-zukunft-des-bmvit> (29. 4. 2017).

ankert.[213] Mit dem Konzept der Smart City geht sie darüber noch einige Schritte hinaus und setzt vor allem die Partizipation in den Mittelpunkt.

»›Wien hat 1,8 Millionen Gehirne, nutzen wir sie‹: Dieser Leitsatz der Smart City Wien ist auch ein Auftrag zum ›Crowdsourcing‹ und für den Wandel von einer bürokratischen zu einer partizipativen Verwaltung, die von Beteiligung geprägt ist.«[214]

5.2.3 Rahmenstrategie

Wien hat erkannt, dass Städte an Bedeutung gewonnen haben und diese Bedeutung in wissenschaftlicher, technologischer, kultureller und sozialer Hinsicht noch zunehmen wird.

Dementsprechend richtet Wien seine Rahmenstrategie betreffend der Smart City Wien auf Bürger, Unternehmen und die eigenen Mitarbeiter gleichermaßen aus.

Ganz oben auf der Zielebene sind dabei die Lebensqualität und die Ressourcenschonung in der Stadt.

»Das Ziel ist klar: Wien will den Ressourcenverbrauch in der Stadt deutlich senken. Zugleich soll die Stadt weiterhin höchste Lebensqualität und sozialen Zusammenhalt für alle Bürgerinnen und Bürger bieten.«[215]

5.2.3.1 Ziele

Folgende Smart City Ziele wurden definiert (grundsätzlich ist ein zeitlicher Rahmen bis 2050 vorgesehen):[216]

- Reduktion der CO_2-Emissionen: Ein Minus von 80 Prozent soll erreicht werden.
- Energie: 50 Prozent der benötigten Energie soll aus erneuerbaren Quellen stammen. Der Primärenergieeinsatz soll von 3.000 auf 2.000 Watt pro Kopf absinken.

---

213 <open.wien.gv.at/site/government-1-0-bis-government-4-0> (29. 4. 2017).

214 *Magistratsdirektion der Stadt Wien,* Digitale Agenda Wien <digitaleagenda.wien/sites/default/files/digitalagenda_240x169_5_3.pdf> (29. 4. 2017) 14.

215 Rede von Bürgermeister Michael Häupl vom 25.6.2014 im Wiener Gemeinderat, abrufbar unter <wien.gv.at/politik/strategien-konzepte/smartcity> (29. 4. 2017).

216 <wien.gv.at/stadtentwicklung/projekte/smartcity/rahmenstrategie.html> (29. 4. 2017).

- Mobilität: Der Anteil an (motorisiertem) Individualverkehr soll von derzeit 28 auf 15 Prozent bis 2030 fallen. Bis 2050 sollen alle (!) Autos innerhalb der Stadtgrenzen mit alternativen Antriebstechnologien betrieben werden.
- Gebäude: Der Energieverbrauch für Heizen, Kühlen und Warmwasserbereitung soll um ein Prozent pro Kopf und pro Jahr gesenkt werden.
- Innovationen: Im Innovationsdreieck Wien–Brünn–Bratislava soll Wien eines der fünf Top-Forschungszentren in Europa werden. Der Anteil an technologieintensiven Exportprodukten soll von derzeit 60 auf 80 Prozent ansteigen.
- Soziales und Gesundheit: Ein friedliches und sicheres Zusammenleben für alle Menschen – unabhängig von ihrer Herkunft, sexuellen Orientierung und geschlechtlichen Identität – soll ermöglicht werden. Medizinische Versorgung auf höchstem Niveau soll garantiert werden.
- Umwelt: Ein Grünanteil von 50 Prozent soll erhalten bleiben.

5.3 Digitale Agenda

Die Digitale Agenda der Stadt Wien[217] ist einer von vielen Schritten zur Erreichung der Ziele, die im Rahmen der Smart-City-Entwicklungen vorgegeben wurden. Sie entstand unter intensiver Einbindung der Bürger, der Mitarbeiter und der Wirtschaft in einem dreigliedrigen Verfahren (Abbildung 8).[218] Dieses ist längst nicht abgeschlossen, sondern soll fortgeführt und damit die Agenda stetig weiterentwickelt und angepasst werden.

Der Öffentlichkeit vorgestellt wurde die Digitale Agenda schließlich im Jahr 2015, im selben Jahr gewann sie schon den Publikumspreis für Online-Partizipation 2015.[219]

217 *Magistratsdirektion der Stadt Wien*, Digitale Agenda Wien <digitaleagenda.wien/sites/default/files/digitalagenda_240x169_5_3.pdf> (29. 4. 2017).
218 <digitaleagenda.wien> (29. 4. 2017).
219 <wien.gv.at/ikt/egov/preis-digitale-agenda.html> (29. 4. 2017).

Abbildung 8: Entstehung der Digitalen Agenda Wiens[220]

5.3.1 Ziele und Vorgaben

Die Digitale Agenda[221]

- ist Bestandteil der Smart City Rahmenstrategie;
- ist Beitrag zur Erreichung der Smart-City-Ziele;
- betrachtet die Themen Energie, Mobilität, Gebäude, Infrastruktur und Technologien wie auch Gesundheit, Bildung, Soziales und Integration gesamthaft;
- berücksichtigt den Aspekt der Inklusion;
- verknüpft die neuen Technologien mit sozialen Innovationen;
- soll Handlungsräume aufzeigen.

5.3.2 Inhalt

5.3.2.1 Leitmotive

Im Zuge der Erstellung der Agenda wurde neun Leitmotive herausgearbeitet, die als »Wiener Prinzipien« Eingang in den Text gefunden. Diese sind:

220 *Magistratsdirektion der Stadt Wien*, Digitale Agenda Wien <digitaleagenda.wien/sites/default/files/digitalagenda_240x169_5_3.pdf> (29. 4. 2017).
221 *Magistratsdirektion der Stadt Wien*, Digitale Agenda Wien <digitaleagenda.wien/sites/default/files/digitalagenda_240x169_5_3.pdf> (29. 4. 2017) 4.

- Vertrauen und Sicherheit
- Transparenz, Offenheit und Beteiligung
- Inklusion, Solidarität und soziale Nachhaltigkeit
- Gendergerechtigkeit
- BürgerInnenorientierung
- Stärkung des Wirtschaftsstandorts
- Konsolidierung
- Innovation
- Flexibilität und Lernen

5.3.2.2 Leuchtturmprojekte

Leuchtturmprojekte sind richtungsweisende Projekte, die in den nächsten Jahren umgesetzt werden sollen. Die Digitale Agende kennt acht dieser Projekte, die zahlreiche Verbesserungen für die Stadt bringen sollen.[222]

Leuchtturmprojekt 1: Nachweis für sicheren und transparenten Umgang mit Daten
Leuchtturmprojekt 2: BürgerInnenportal »meiner Stadt stets nah«
Leuchtturmprojekt 3: Stadt-Wien-App
Leuchtturmprojekt 4: Einsatz von QR-Codes
Leuchtturmprojekt 5: Smart Kids
Leuchtturmprojekt 6: Code Studio
Leuchtturmprojekt 7: Digital City Wien
Leuchtturmprojekt 8: Digitale Mobilität

5.4 Open (Government) Data

5.4.1 Definition

Daten gehören zu den wichtigsten Ressourcen der Gegenwart, wobei das Wertschöpfungspotential immens und in seiner vollen Tragweite noch nicht absehbar ist.[223]

---

222 *Magistratsdirektion der Stadt Wien*, Digitale Agenda Wien <digitaleagenda.wien/sites/default/files/digitalagenda_240x169_5_3.pdf> (29. 4. 2017) 6ff.

223 Beispielsweise wächst der der Wirtschaftssektor rund um Big Data um 40 % pro Jahr, das ist sieben Mal schneller als der restliche IT-Markt,

Der Begriff »Open Data« meint nun solche Daten, die der Öffentlichkeit zur Verfügung gestellt werden – dabei ist zunächst nichts über die Herkunft der Daten gesagt, sie können auch von Privaten stammen.

Werden sie von der öffentlichen Verwaltung den Bürgern zur Verfügung gestellt (z. B. Straßendatensätze, Luftgütewerte, etc.), so werden sie als Open Government Data bezeichnet.

Voraussetzung für eine Qualifikation als Open (Government) Data ist, dass Daten in einer bestimmten Form zur Verfügung gestellt werden, nämlich: [224]

- mittels einer offenen Lizenz,
- in einem offenen Format und
- in einer zugänglichen Weise.[225]

5.4.2 Nutzung und Zugang

Wozu die Daten genutzt werden, also ob eine Weiterverwendung im privaten Rahmen oder aus kommerziellen Interessen erfolgt, ist unerheblich. Der Staat öffnet sich damit ein Stück weit und trägt zu mehr Transparenz und Anerkennung bei, indem er sich am Kunden (dem Bürger) und dessen Bedürfnissen orientiert.[226] Die Politik erwartet sich positive gesamtgesellschaftliche Effekte, Umwegrentabilität und die Nachvollziehbarkeit von Entscheidungsprozessen.[227]

Als organisatorischer Überbau stehen zwei große Portale zur Verfügung, unter denen Datensätze publiziert werden können: data.gv.at[228]

---

vgl die Strategie für einen digitalen Binnenmarkt für Europa der Europäischen Kommission, KOM (2015) 192 endg. 16.

224 Vgl *Open Knowledge Foundation*, The Open Definition, <opendefinition.org/od/2.0/de/> (4. 7. 2015), für Österreich gibt es ein Whitepaper: White Paper OGD Austria (28. 9. 2011), abgerufen von: <ref.gv.at/uploads/media/OGD_1-0-0_20110928_01.pdf> (29. 4. 2017).

225 Damit sind Accessibility-Vorschriften angesprochen, die vorgeben, wie ein Zugang zu gewährleisten ist, welche Standards einzuhalten sind usw.

226 Vgl dazu *Etzelstorfer*, Open Government als kommunale Herausforderung (2015).

227 Projektgruppe Cooperation Open Government Data Österreich, Rahmenbedingungen für Open Government Data Plattformen, <reference.e-government.gv.at/fileadmin/_migrated/content_uploads/OGD-1-1-0_20120730.pdf> (29. 4. 2017).

228 data.gv.at ist hauptsächlich als Government-Plattform konzipiert

und opendataportal.at.[229]

In diesem Zusammenhang ist erwähnenswert, dass Wien schon 2011 eine Open-Government-Initiative gestartet hat, die genau auf diese Ziele hinarbeitet und Daten der Öffentlichkeit zur Verfügung stellt.[230] Die Datensätze Wiens und ihre Zurverfügungstellung werden in Kapitel 5.4.4 »Fallstudie: Open Government Data und Anwendungen in Wien« dargestellt.

5.4.3 Rechtsrahmen

Mit dem Engagement bei der Zurverfügungstellung von offenen Daten spiegelt Wien die Grundpfeiler des Open Government[231] wider: Transparenz, Partizipation und Kollaboration.[232] Allerdings ist – nicht nur aus Überlegungen zum geltenden Legalitätsprinzip der österreichischen Verwaltung – ein rechtlicher Rahmen einzuhalten.

So werden offene Daten üblicherweise unter der Creative-Commons-Lizenz[233] »CC BY 3.0 AT« zur Verfügung gestellt. Wer solche Daten benutzt, muss sich an folgende Regeln halten:[234]

- Es ist erlaubt, das Material in jedwedem Format oder Medium zu vervielfältigen und weiterverbreiten.
- Es ist erlaubt, das Material zu verändern, anders zusammenzustellen und darauf aufzubauen.
- Die Daten dürfen für beliebige Zwecke (auch kommerziell) verwendet werden.
- Es müssen angemessene Urheber- und Rechteangaben gemacht werden (Namensnennung).

---

229 opendataportal.at entstand aus einer Zusammenarbeit der öffentlichen Hand (Cooperation OGD Österreich) mit der Open Knowledge Foundation Österreich und Wikimedia Österreich. Es ist Anlaufstelle für Wirtschaft, Kultur, NGO/NPO, Forschung und Zivilgesellschaft, vgl *Lutz,* Open Data sorgenfrei publizieren, Dako 2015/3, 61 (62).

230 Vgl <open.wien.gv.at/site/open-government-und-die-wiener-verwaltung> (29. 4. 2017).

231 *Grinninger,* Open Government: Leitfaden zur erfolgreichen E-Partizipation (2015) 11ff.

232 Vgl <open.wien.gv.at/site/offene-zusammenarbeit> (29. 4. 2017).

233 Es handelt sich dabei um Lizenzen für freie Inhalte, vgl <creativecommons.org> (29. 4. 2017).

234 <creativecommons.org/licenses/by/3.0/at/deed.de> (29. 4. 2017).

- Ein Link zur Lizenz muss beigefügt werden.
- Es muss angegeben werden, ob Änderungen vorgenommen wurden.
- Der Lizenzgeber kann diese Freiheiten nicht widerrufen, solange gegen die Regeln nicht verstoßen wird.

5.4.3.1 Lizenzmodelle – wie kann man dem Bürger öffentlich Daten zur Verfügung stellen?

Im Jahr 2011 wurde die »Cooperation Open Government Data Österreich«, kurz »Cooperation OGD Österreich« vom Bundeskanzleramt und den Städten Wien, Linz, Salzburg und Graz gegründet.

Bei bestimmten Daten ist die Zurverfügungstellung von Daten in innerösterreichischen Gesetzen und EU-Vorschriften vorgesehen, vor allem im Umweltbereich (vgl. die beiden nachfolgenden Kapitel).[235] Damit ist aber noch keine Vorentscheidung getroffen, ob und wie eine Lizenz benötigt wird.

5.4.3.2 PSI-Richtlinie

Die europäische Union sah im Jahr 2003 Handlungsbedarf dahingehend, dass die die Weiterverwendung von Informationen des öffentlichen Sektors europaweit harmonisiert wird. Aus diesem Grund wurde die sogenannte PSI-Richtlinie[236, 237] geschaffen, die diesen Bereich in den Mitgliedstaaten gleichschalten sollte. Die Umsetzung erfolgte in einem Bundesgesetz und neun Landesgesetzen.

Auf Wien bezogen regelt das Wiener Informationsweiterverwendungsgesetz (WIWG)[238] den rechtlichen Rahmen (verfügbare Formate, Entgelt, Verfahren und Rechtsschutz bei Weiterverwendungsbegehren

---

235 Vgl *Raschauer Nicolas/Riesz,* Umweltinformation, in Pürgy (Hrsg), Das Recht der Länder (2012) 97ff.

236 Richtlinie 2003/98/EG des Europäischen Parlaments und des Rates vom 17. November 2003 über die Weiterverwendung von Informationen des öffentlichen Sektors, ABl L 2003/345, 90.

237 Vgl zu den nachfolgend dargestellten Richtlinien *Jahnel/Mader/Staudegger* (Hrsg), IT-Recht[3] (2012) 411ff.

238 Wiener Landesgesetz über die Weiterverwendung von Informationen öffentlicher Stellen – Wiener Informationsweiterverwendungsgesetz (WIWG), LGBl. Nr. 52/2005 i.d.g.F.

usw.) für die Weiterverwendung von vorhandenen Dokumenten, die sich im Besitz öffentlicher Stellen befinden.

5.4.3.3 INSPIRE-Richtlinie

Im Umweltbereich ist INSPIRE (Infrastructure for Spatial Information in the European Community) zu nennen, eine Richtlinie der Europäischen Union,[239] die im für Zwecke der gemeinschaftlichen Umweltpolitik die Schaffung einer europaweit einheitlichen Geodateninfrastuktur zum Ziel hat. Auch sie wurde in Österreich in einem Bundesgesetz und neun Landesgesetzen umgesetzt. Die Umsetzung in Wien erfolgte mit dem Wiener Geodateninfrastrukturgesetz (WGeoDIG) aus dem Jahr 2010.[240]

5.4.3.4 Spannungsfelder: Datenschutz, Amtsverschwiegenheit, Auskunftspflicht, Kommunikationsfreiheit

Wichtig im Zusammenhang mit der Veröffentlichung von Daten der Verwaltung ist, dass der Datenschutz der Verwendung personenbezogener Daten (das sind solche, die einer Rückführbarkeit auf eine Person derart erlauben, dass diese zumindest bestimmbar ist[241]) enge Grenzen setzt. Diese Einschränkung gilt umso mehr, als Daten der breiten Öffentlichkeit zur Verfügung gestellt werden – praktisch dürfen Datensätze nur soweit herausgegeben werden, als sie vollkommen anonymisiert sind.[242] Daneben sind aber auch Amtsverschwiegenheit und die Auskunftspflicht zu beachten (Abbildung 9), woraus sich häufig Spannungen ergeben.

---

239 Richtlinie 2007/2/EG des Europäischen Parlaments und des Rates vom 14. März 2007 zur Schaffung einer Geodateninfrastruktur in der Europäischen Gemeinschaft (INSPIRE). ABl. L 108/1.

240 Gesetz zur Schaffung einer umweltrelevanten Geodateninfrastruktur in Wien (Wiener Geodateninfrastrukturgesetz – WGeoDIG), LGBl. 37/2010 i.d.g.F.

241 Vgl § 4 Zi. 1 Datenschutzgesetz 2000, BGBl. I Nr. 165/1999 i.d.g.F, wonach personenbezogene Daten solche Angaben über Betroffene sind, deren Identität bestimmt oder bestimmbar ist.

242 Vgl *Wolfeil*, Moderne Verwaltung und Datenschutz – ein Widerspruch (2012).

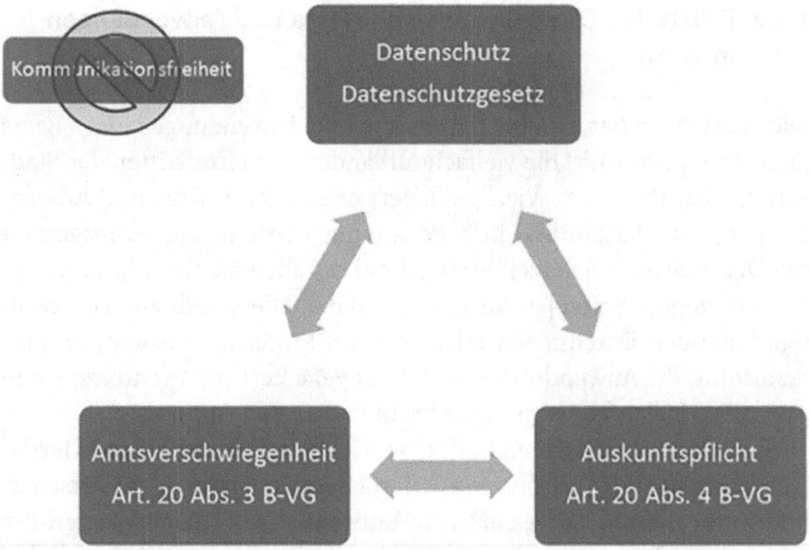

Abbildung 9: Datenschutz, Amtsverschwiegenheit, Auskunftspflicht

Mit zu bedenken ist außerdem die grundrechtlich garantierte Kommunikationsfreiheit, die in der Ausprägung der Informationsfreiheit sicherstellen soll, dass jeder Einzelne seine Rechte wohlinformiert wahrnehmen kann.[243] Allerdings trifft nach der Judikatur des Verfassungsgerichtshofes (VfGH) den Staat keinerlei Verpflichtung überhaupt einen Zugang zu Informationen zu gewährleisten oder selbst Informationen bereitzustellen.[244]

243 Vgl *Berka*, Die Grundrechte (1999) 319 Rz 550; Öhlinger/*Eberhard*, Verfassungsrecht[10] 413 Rz 910.

244 Vgl *Feik*, Zugang zu Verwaltungswissen, ZfV 2006/2, 187, 187ff; *Feiler, Datenschutz als Hemmschuh und Wegbereiter für das Grundrecht auf Zugang zu amtlichen Informationen, in Jahnel (Hrsg), Datenschutzrecht. Jahrbuch 2014 (2014) 55 (59)*; *Tretter*, Zur Freiheit der Informationsbeschaffung. Eine Besprechung des Erkenntnisses VfGH 16. 3. 1987, B 154/85, MR 1987/2, 84 ; ablehnend dazu *Feik*, Öffentliche Verwaltungskommunikation (2007).

5.4.4 Fallstudie: Open Government Data und Anwendungen in Wien

Die Stadt Wien hat für ihre Datensätze und Anwendungen eine eigene Domain registriert,[245] die vielfach mit anderen Webauftritten der Stadt verlinkt ist. Die Stadt Wien publiziert offene Datensätze und Anwendungen vier Mal jährlich in sogenannten »Datenphasen«. Insgesamt 347 Datensätze sind derzeit verfügbar und stellen die Grundlage für 193 Anwendungen (Stand jeweils 9. 6. 2016) dar. Die Bandbreite ist gewaltig:[246] Bei den Datensätzen reicht sie von Kindergartenstandorten bis Stadtfotos, die Anwendungen sind bunt gefächert von eventbezogenen Apps über Pollenflugwarnungen bis hin zu Karten-Apps.

Im Rahmen von sogenannten »OGD-Plattformen«,[247] die vierteljährlich stattfinden, werden von Mitarbeitern, Vertretern der Wirtschaft und interessierten Bürger aktuelle Entwicklungen, Möglichkeiten der Umsetzung, Bedarf und Zukunftsvisionen diskutiert. Weiters werden neue Datensätze vorgestellt. Die Veranstaltungen sind frei zugänglich, die Termine werden im Internet veröffentlicht.[248]

5.5 Umsetzung von Aspekten der Verwaltung 4.0

Wie in Kapitel 5.1.1 »Föderale Rechtsgrundlagen« beschrieben, ist das Prinzip der Bundesstaatlichkeit mit den sich daraus ergebenden Zuständigkeiten schwer veränderlich. Aus diesem Grund wird die vollständige Zurückdrängung von Zuständigkeiten oder deren Auflösung als unrealistisch beurteilt. Allerdings kann die elektronische Verwaltung durchaus so gestaltet sein, dass der Bürger nicht vorab wissen muss, wohin er sich wenden muss, sein Antrag findet nämlich »von selbst« zur richtigen Stelle.

---

245 <open.wien.gv.at/site/open-data> (29. 4. 2017).

246 Vgl für Datensätze <data.gv.at/suche/?search-term=&top10Filter_Stadt_Wien=on&publisherFilter_Stadt+Wien=on&connection=and&search-data-only=search-data-on&hideFilters> (29. 4. 2017) und für Anwendungen <data.gv.at/applicationdatapublisher/stadt-wien/?post_type=anwendungen&applicationsystem=0&applicationtype=0> (29. 4. 2017).

247 Termine, Zusammenfassungen, Protokolle etc. sind einsehbar unter <open.wien.gv.at/site/category/allgemein> (29. 4. 2017).

248 <open.wien.gv.at/site/kalender> (29. 4. 2017).

Daneben finden sich schon jetzt innovative Projekte, die Kollaboration und Partizipation mit den Bürgern in den Mittelpunkt stellen und unter dem Stichwort der Vernetzung als Umsetzung von Zielen der Verwaltung 4.0 verstanden werden können. Einige davon sollen in Folge betrachtet werden.

5.5.1 Umgesetzte Projekte

5.5.1.1 Wartezeitmanagement

Melde- und Passangelegenheiten müssen häufig aus rechtlichen Gründen persönlich erledigt werden. Dabei kommt es regelmäßig zu Schwankungen in der Wartezeit, da der Andrang sowohl örtlich, als auch an verschiedenen Wochentagen und Tageszeiten unterschiedlich hoch ist.

Die Wartezeiten auf den Magistratischen Bezirksämtern werden daher seitens der Stadt Wien online gestellt,[249] wodurch etwa Berufstätige auf eine weniger frequentierte Stelle oder einen weniger genützten Tag ausweichen können. Termine können online reserviert werden.[250]

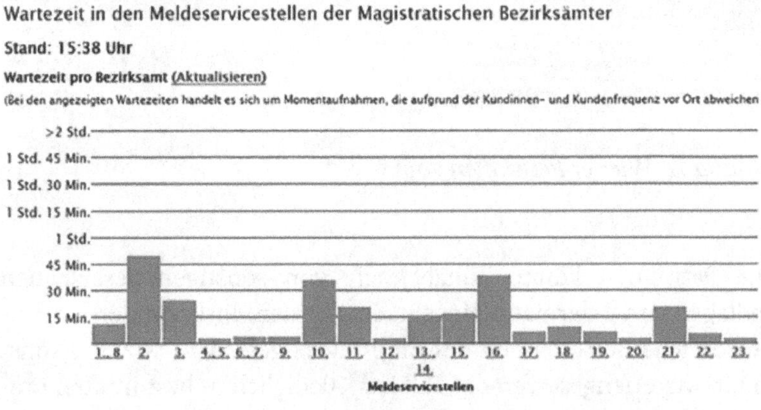

Abbildung 10: Wartezeit in den Meldeservicestellen der Magistratischen Bezirksämter vom 9. 6. 2016[251]

249 <wien.gv.at/mba/wartezeiten-online-mba.html> (29. 4. 2017).

250 ZB für Passangelegenheiten unter <wien.gv.at/passtermin/internet/Startseite.aspx> (29. 4. 2017).

251 <wien.gv.at/mba/wartezeiten-online-mba.html> (29. 4. 2017) – die Abbildung wurde in unveränderter Form übernommen.

Eine Implementierung in ein umfangreiches Serviceportal der Stadt ist bereits angedacht (»BürgerInnenportal«), das eine Synchronisierung zum eigenen Kalender ermöglicht und soziale Medien einbindet.[252]

5.5.1.2 Petitionsplattform

Wien hat im Jahr 2013 ein Gesetz erlassen, das es Bürgern ermöglicht, Petitionen an den Gemeinderat heranzutragen.[253] Ein eigener Petitionsausschuss im Gemeinderat ist dafür eingerichtet. Petitionen können über eine eigene Online-Plattform[254] eingebracht und ihr aktueller Stand verfolgt werden. Lediglich eine Registrierung auf der Plattform ist im Vorfeld notwendig.

Eingebracht am	Petitionstitel	Unterstützungen	Status
11.05.2016	"Für unsere schöne Josefstadt"	> 500	Ausgezählt
06.05.2016	Öffnung Schlosspark Hetzendorf	3	Freigegeben
30.03.2016	SOS Rettet Döbling "Bewahrung des noch verbleibenden Kultur- und Naturerbes"	> 500	Ausgezählt
22.03.2016	Erhalt des Haschahofes	342	Freigegeben
17.03.2016	Geplantes Bauvorhaben Planentwurf 8099	> 500	In Bearbeitung
11.03.2016	Gegen den Bürokoloss der Badner Bahn in Liesing!	> 500	Ausgezählt
06.03.2016	Erhalt der Gründerzeithäuser und der großzügigen Grünflächen in Wien Währing Gersthof	146	Freigegeben
26.02.2016	Petition für ein Bürgerrecht auf Gärtnern und die Förderung vielfältiger Formen der Stadtlandwirtschaft	12	Freigegeben
22.02.2016	"In der Wiesen" statt "Im Beton"	> 500	In Bearbeitung
12.02.2016	Städtische Anti-Drogen-Kampagne (im Gemeindebau) gegen den zunehmenden Konsum von Cannabis im öffentlichen Raum	2	Freigegeben
27.01.2016	Für die Erhaltung des Gründerzeithaus Türkenwirt (TÜW!)	> 500	In Bearbeitung
15.01.2016	Verpflichtung aller Verwaltungen an der Teilnahme des E-Goverment	12	Freigegeben
13.01.2016	Petition gegen die Flüchtlingsunterkunft Ziedlergasse 21	17	Freigegeben
12.01.2016	Sicheres Radfahren in der Leopoldstadt	206	Freigegeben
29.10.2015	Begrünung der Stadt Wien	17	Freigegeben
01.10.2015	1:3 - Sei dabei! Für ein besseres Betreuungsverhältnis in Wiens Kindergärten und -krippen	460	Freigegeben
11.09.2015	Wiener für Bettina: Baustopp vor Bettina-Stiftung, Grünfläche erhalten!	19	Freigegeben
12.08.2015	Schützt Gründerzeithäuser vor Spekulation!	> 500	In Bearbeitung
07.08.2015	Anwohnerparkplätze abschaffen - Öffentlicher Raum gehört allen Bürgern!	62	Freigegeben
21.06.2015	Bitte lasst uns Leben - Zieseln, Hamstern und weiteren bedrohten Tierarten fehlt ausreichender Schutz in Wien!!!	31	Freigegeben

Abbildung 11: Wiener Petitionen vom 9. 6. 2016[255]

Solche Petitionen können unabhängig von sonstigen gesetzlichen Grundlagen von jedermann eingebracht werden. Insbesondere ist keine persönliche Betroffenheit des Einbringers gefordert, wie dies sonst häufig in Materiengesetzen der Fall ist[256] (lediglich in bestimmten um-

252 Vgl *Magistratsdirektion der Stadt Wien*, Digitale Agenda Wien <digitale-agenda.wien/sites/default/files/digitalagenda_240x169_5_3.pdf> (29. 4. 2017) 15

253 Gesetz über Petitionen in Wien, LGBl. 2/2013 i.d.g.F.

254 <www.wien.gv.at/petition/online> (29. 4. 2017).

255 <wien.gv.at/petition/online> (29. 4. 2017) – die Abbildung wurde in unveränderter Formübernommen.

256 Vgl *Balthasar*, Bürgerbeteiligung in der Verwaltung: Navigation zwischen

weltrelevanten Verfahren können z. B. Bürgerinitiativen Parteienrechte zukommen, wenn und soweit dies gesetzlich festgeschrieben ist[257]).

Es handelt sich dabei um eine Form der Partizipation, die es Bürgern ermöglicht, sich aktiv einzubringen. Werden Informations- und Kommunikationstechnologien verwendet, spricht man von »E-Partizipation«. Genauer gesagt handelt es sich dabei um eine Form der Bürgerbeteiligung mit einem Bottom-Up-Ansatz.[258]

Zur besseren Orientierung (auch für Entscheidungsträger und Mitarbeiter) hat die Stadt Wien ein Praxisbuch zur Partizipation herausgegeben,[259] das frei verfügbar ist.

5.5.1.3 Vernetzungsplattformen[260]

Als Maßnahme der Personalentwicklung betreibt das Magistrat eine eigene interne Social-Media-Plattform mit dem Namen wien.team. Dabei können Mitarbeiter untereinander in Kontakt treten, ohne an Abteilungen oder Hierarchien gebunden zu sein. Weiters gibt es eine eigene (ebenfalls magistratsinterne) Vernetzungs- und Veranstaltungsplattform, die dasselbe Ziel verfolgt (move.on).

5.5.1.4 Ideen für Apps sammeln

Unter https://www.digitaleagenda.wien können interessierte Bürger Ihre Ideen für neue Apps, die in Wien benötigt werden, posten. [261] Diese

---

Demokratie und Rechtsstaat <bka.gv.at/DocView.axd?CobId=51045> (10. 7. 2016).

257 Vgl *Altenburger,* Die Parteistellung von Bürgerinitiativen. Eine Replik zu Grafenauer/Schachinger, Zur Antragslegitimation und Vertretungsbefugnis von Bürgerinitiativen, RdU 2009/5, 16; *Berl,* Die Bürgerinitiative, ihre Rechte und das Verhältnis zu ihren Unterstützern, RdU 2014/59, 103.

258 Da in diesem Fall die Initiative von der Bevölkerung, also bildlich gesprochen von unten kommt, vgl *Parycek/Rinnerbauer/Sachs,* Online-Bürgerbeteiligung für Gemeinden, RFG 2014/3, 146 (147).

259 *Arbter,* Praxisbuch Partizipation <wien.gv.at/stadtentwicklung/studien/pdf/b008273.pdf> (29. 4. 2017).

260 Vgl *Bartsch/Sejrek-Tunke* in Holoubek/Madner/Pauer, Recht und Verwaltung in Wien, 103 (109 Rz 27).

261 <digitaleagenda.wien> (29. 4. 2017) – die Abbildung wurde in unveränderter Form übernommen.

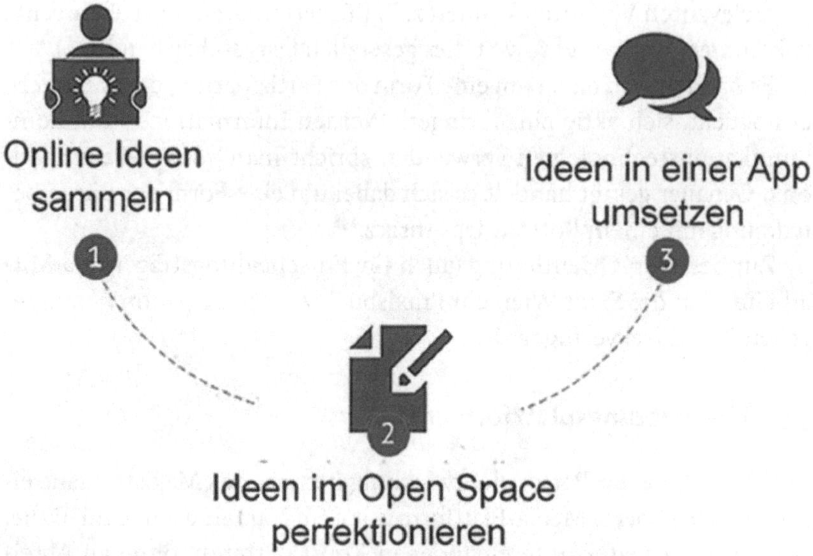

Abbildung 12: Interaktion mit den Bürgern der Stadt

Abbildung 13: Beispiel für innovative Ideen der Bürger[262]

097 **Ausweis-App für all meine Ausweise**

1 Stimme
1 Kommentar

In regelmäßigen Abständen benötigen wir unsere Ausweise für die unterschiedlichsten Dinge (Ausborgen eines Autos, Polizeikontrolle, Handyvertrag abschließen, …). Der Führerschein wird zwar weitestgehend als solcher akzeptiert ist aber eigentlich kein amtlicher Lichtbildausweis.

Um in Zukunft den Ausweis zu Hause lassen zu können wäre eine Ausweis-App sinnvoll in der all meine staatlichen Ausweise zusammengefasst werden. Die Ausweiskontrolle wäre schnell und einfach möglich und wo notwendig könnten die Daten auch direkt übernommen werden. Zusätzlich wäre es wünschenswert wenn ich die gleiche Anwendung auch zur Authentifizierung (z.B. Online Services der Stadt, Online Banking) verwenden könnte.

Funktionsumfang der App:

- gegenseitig ausweisen
- ausweisen gegenüber öffentlichen Stellen (Polizei, Behörden, …) und Unternehmen
- Nutzung für Online-Dienstleistungen zur Authentifizierung

Hinzugefügt von: Sebastian81 29.01.2016

---

262 <digitaleagenda.wien> (29. 4. 2017) – die Abbildung wurde in unveränderter Form übernommen.

werden dann in offenen Foren auf ihre Umsetzbarkeit hin überprüft, auch Abstimmungen sind möglich (vgl. Abbildung 13). Beispiele hierfür sind etwa eine Ausweis-App für alle persönlichen Ausweise oder die Möglichkeit, Wartenummern auf Ämtern per App zu beziehen.

Dabei bietet sich die Möglichkeit der »Smart Participation«[263] und der Interaktion mit den Bürgern der Stadt in einer simplen und unmittelbaren Weise, die ohne Zuhilfenahme von Informations- und Kommunikationstechnologie nicht umsetzbar wäre.

5.5.2 Geplante Projekte

Beispielhaft für zukünftige Entwicklungen sollen noch erste Smart-Health-Ansätze erwähnt werden.[264]

Informations- und Kommunikationstechnologien sollen im Gesundheitssektor Einzug halten. Ein BürgerInnenportal soll in diesem Zusammenhang umfangreiche Serviceleistungen bieten. Angedacht ist etwa eine Funktion, um an Termine (z. B. Untersuchungen, Impfungen) zu erinnern oder über Gesundheitsempfehlungen (z. B. Ernährung, Fitness) informieren, mobile Gesundheitsservices (»mHealth«) sollen eingebunden werden. Diese Ansätze sind über das Planungsstadium noch nicht hinausgekommen.

5.6 Zwischenergebnis

Breuss attestiert Österreich ein Hinterherhinken in Sachen Bürgerbeteiligung gegenüber Deutschland.[265] Grund dafür sei vor allem der Mangel an Erfahrung – außerdem beschränke sich die Beteiligung hierzulande auf politische Nebenschauplätze.

Wien zeigt in diesem Bereich, dass es durchaus gewillt ist, mit den Bürgern gemeinsam an Verbesserungen zu arbeiten und diese auch nach außen zu kommunizieren – dem Einwand der bloßen Nebenschauplätze kann mit der dargestellten Petitionsplattform wirksam entgegengetreten werden.

---

263 *Bundesministerium für Wirtschaft und Energie*, Industrie 4.0 und Digitale Wirtschaft 4.

264 *Magistratsdirektion der Stadt Wien*, Digitale Agenda Wien <digitaleagenda.wien/sites/default/files/digitalagenda_240x169_5_3.pdf> (29. 4. 2017) 15f.

265 *Breuss,* Best Practice kommunaler Bürgerbeteiligung, RFG 2014/30, 152.

5.7 Zukünftige Möglichkeiten und Szenarien

Zwar wird die Stadt Wien keine Anwendungsbereiche für intelligent vernetzte Bojen finden, die Tsunamis frühzeitig erkennen und Warnungen per SMS aussenden,[266] das Beispiel zeigt aber die technischen Möglichkeiten auf. Und auf den Hochwasserschutz lässt sich das Warnsystem allemal nutzbringend übertragen.

Die folgenden Szenarien sollen sich an dem obigen Beispiel orientieren: Es sollen keine Utopien oder Dystopien sein, sondern realistische Szenarien.

Inhaltlich sind sie an *von Luckes* Whitepaper angelehnt – darin haben die Friedrichshafener Universität und das Berliner Fraunhofer Institut einen ersten Überblick zu Einsatzszenarien dargelegt.[267]

5.7.1 Feuerwehr und Katastrophenschutz – MA 68[268]

Das Wiener Feuerwehrgesetz[269] und das Wiener Katastrophenhilfegesetz[270] legen als Leistungsbereiche der genannten Magistratsabteilung fest:

- Brandbekämpfung,
- Menschenrettung,
- Leichenbergung,
- Hilfeleistung bei öffentlichen Notständen und
- Katastropheneinsatz.

Intelligente Vernetzung könnte in diesen Bereichen viele Vorteile bringen: Drohnen könnten bei Großereignissen ein zuverlässiges La-

266 *Lucke*, Smart Government <zu.de/institute/togi/assets/pdf/ZU-150914-SmartGovernment-V1.pdf> (10. 7. 2016) 25.

267 *Lucke*, Smart Government <zu.de/institute/togi/assets/pdf/ZU-150914-SmartGovernment-V1.pdf> (10. 7. 2016) 26ff.

268 Beispiel angelehnt an *Lucke*, Smart Government <zu.de/institute/togi/assets/pdf/ZU-150914-SmartGovernment-V1.pdf> (10. 7. 2016) 26.

269 Gesetz über die Einrichtung und die Aufgaben der Feuerwehr im Lande Wien (Wiener Feuerwehrgesetz), LGBl. Nr. 16/1957 i.d.F. LGBl. Nr. 79/2001.

270 Gesetz über Maßnahmen zur Bewältigung von Katastrophen, Großschadensereignissen und komplexen Schadensereignissen sowie die Einrichtung eines Krisenmanagements (Wiener Katastrophenhilfe- und Krisenmanagementgesetz – W-KKG), LGBl. Nr. 22/2009 i.d.F. LGBl. Nr. 08/2015.

gebild aus der Luft liefern und mittels Wärmebildkameras und Infrarotsensoren bei der Suche von vermissten Personen oder Glutnestern helfen.

Vernetzte Rauchmelder könnten Daten an Displays in Feuerwehrhelmen weitergeben, um eine Orientierung in verrauchten Umgebungen zu erleichtern.

Mit intelligenter Kleidung könnten frühzeitig Gefahren erkannt werden – erfolgt dann gleichzeitig eine Zustandsmeldung an den Einsatzleiter, hat dieser stets ein aktuelles Bild seiner Truppe während des Einsatzes (Position, Gefahrenbereiche, Einsatzfähigkeit). Nachgelagerte Auswertungen und Analysen könnten bewährte Einsatztechniken weiter verbessern und damit mehr Sicherheit und Effizienz schaffen.

5.7.2 Bauverwaltung

Die Instandhaltung und Verwaltung der Lebensadern der modernen Gesellschaft[271] – Straßen, Eisenbahnen, Flüsse – nehmen einen großen Teil der Verwaltungstätigkeit ein.

Neben automatisierter Zustandsmeldungen (Verkehrsaufkommen, Belastung, Vereisung etc.) an die Straßeninstandhaltungsabteilungen könnten via Apps die Bürger eingebunden werden – so ist es denkbar, dass mit wenigen Klicks Schlaglöcher gemeldet oder Verkehrsdaten bezogen werden können. Eine noch weitere entfernte Anwendung wäre die Erweiterung und Vernetzung der schon bestehenden elektronischen Akten mit intelligenten Prüfbrillen, die Pläne und relevante Normen gleich ins Sichtfeld des Prüfers einblenden, Kontaktdaten bereithalten und so etwa Bauabnahmeverfahren erleichtern.

5.7.3 Weitere Szenarien

Der Phantasie sind bei der Ausarbeitung von Ideen kaum Grenzen gesetzt. *Von Lucke* spannt in seinem Whitepaper den Bogen vom Personenstandswesen bis zur Landwirtschaft 4.0.[272]

Die deutsche Post setzt beispielsweise in der Lagerhaltung schon

---

271 Beispiel angelehnt an *Lucke*, Smart Government <zu.de/institute/togi/assets/pdf/ZU-150914-SmartGovernment-V1.pdf> (10. 7. 2016).

272 *Lucke*, Smart Government <zu.de/institute/togi/assets/pdf/ZU-150914-SmartGovernment-V1.pdf> (10. 7. 2016) 26ff.

länger Datenbrillen ein. Laut dem Chef der deutschen Post, *Frank Appel*, lässt sich die Produktivität der Mitarbeiter so um 25 % steigern (ein Effekt, der angesichts des Kostendrucks, der auf der öffentlichen Verwaltung lastet, auch bei dieser wünschenswert wäre). Derzeit wird überlegt, Datenbrillen auch an Briefzusteller auszugeben, damit diese sich z. B. in neuen Bezirken schneller zu Recht finden.[273]

Ganz so futuristisch ist das im vorigen Kapitel gewählte Beispiel der Bauabnahmen mit Smart Glasses also doch nicht.

Es wird der weiteren finanziellen Ausstattung und der Politik obliegen, wie schnell und umfassend die Verwaltung die Entwicklungen in der Industrie verfolgen wird können.

---

273 Vgl <orf.at/stories/2348856> (29. 4. 2017).

6. Fazit

Die vorliegende Arbeit hat den Bogen von der historischen Ausgangslage der Verwaltungswissenschaften über die Vorzüge der Industrie 4.0 hin zu Projekten der Verwaltung 4.0 gespannt. Dabei wurden im Kontext der Wiener Landesverwaltung Tendenzen, Möglichkeiten und Rahmenbedingungen aufgezeigt.

Zusammenfassend konnte gezeigt werden, dass mit dem Konzept der Verwaltung 4.0 große Veränderungen auf die bestehenden Verwaltungsstrukturen zukommen: Diese Veränderungen haben etwa einen technologischen, betriebswirtschaftlichen oder soziologischen Hintergrund.

Der Nutzen ist allerdings mannigfaltig: Neben einem großen Einsparungspotential trotz Effizienzsteigerung kann die Implementierung von intelligent vernetzten Systemen die Verwaltung näher an den Bürger bringen und zum Abbau der Bürokratie beitragen.

Wien hat bereits einige Aspekte der Verwaltung 4.0 erfolgreich in die Praxis umgesetzt. Vor allem im Bereich der Vernetzung – sowohl innerhalb der Verwaltung als auch zwischen Bürgern und der Verwaltung gibt es vielversprechende Ansätze.

Viele Möglichkeiten der Verwaltung 4.0 sind noch gar nicht ausgelotet, Wien scheint jedoch überaus bemüht, den Kontakt zu den übrigen Akteuren zu halten und die Prinzipien »Transparenz, Partizipation und Kollaboration« aktiv zu leben. Dies ist vor dem Hintergrund der rasend schnellen technischen Entwicklungen und der wechselnden Anforderungen an Mensch und Maschine allerdings auch notwendig.

7. Ausblick

Im Rahmen der vorliegenden Arbeit sind die neuen Möglichkeiten der Interaktion mit Bürgern, der Effizienzsteigerung und der Anhebung der Lebensqualität aufgezeigt worden.

Dabei konnten längst nicht alle Entwicklungen im Detail dargestellt werden, dazu kommt, dass sich das Gebiet rasend schnell entwickelt.

Eine empirische Untersuchung der Ergebnisse wäre ein nächster konsequenter Schritt, um dem Phänomen der Verwaltung 4.0 auf der Spur zu bleiben.

Machbarkeitsstudien (vor allem hinsichtlich der Interoperabilität verschiedener Systeme auf technischer Ebene[274]) und die Einbindung der Industrie, der Bürger und des dritten Sektors könnten weitere wertvolle Impulse geben. Eine Aufarbeitung der rechtlichen Rahmenbedingungen von effektiven Partizipationsmechanismen könnte wertvolle Aufschlüsse geben.

Wichtig wird es vor allem sein, die kommenden Veränderungen zeitnah zu kommunizieren und den Menschen dadurch vom Betroffenen zum Mitgestalter zu machen.[275]

274 Vgl *Falcone/Jimenez/Navarra*, E-Government Interoperability: Linking Open and Smart Government <ieeexplore.ieee.org/stamp/stamp.jsp?reload=true&arnumber=6926731> (26.05.2016).

275 Vgl *Clement*, ifo Schnelldienst 2015/10, 6 (12).

8. Literaturverzeichnis

acatech/Promotorengruppe Kommunikation der Forschungsunion Wirtschaft – Wissenschaft, Umsetzungsempfehlungen für das Zukunftsprojektlndustrie 4.0 <bmbf.de/files/Umsetzungsempfehlungen_Industrie4_0.pdf> (10. 7. 2016)

Adam, Bausteine der Wirtschaft[16] (Springer VS 2015)

Altenburger, Die Parteistellung von Bürgerinitiativen. Eine Replik zu Grafenauer/Schachinger, Zur Antragslegitimation und Vertretungsbefugnis von Bürgerinitiativen, RdU 2009/5, 16

Arbter, Praxisbuch Partizipation <wien.gv.at/stadtentwicklung/studien/pdf/b008273.pdf>

Armbrüster /Banzhaf /Dingemann, Unternehmensberatung im öffentlichen Sektor (Gabler Verlag / GWV Fachverlage, Wiesbaden 2010)

Aulehla, New Public Management am Beispiel des Magistrats der Stadt Wienin Bauer/Biwald/Dearing (Hrsg.), Öffentliches Management in Österreich (KDZ Managementberatungs- und WeiterbildungsGmbH 2003) 169

Austrian Development Agency, Good Governance <www.entwicklung.at/uploads/media/HB_Governance_de.pdf>

Bachmann, Controlling für die öffentliche Verwaltung[2] (Gabler Verlag / Springer Fachmedien 2009)

Balthasar, Bürgerbeteiligung in der Verwaltung: Navigation zwischen Demokratie und Rechtsstaat <bka.gv.at/DocView.axd?CobId=51045> (10. 7. 2016)

Bartsch/Sejrek-Tunke, Innovative Verwaltung in Michael Holoubek/Verena Madner/Karl Pauer (Hrsg.), Recht und Verwaltung in Wien (Manz 2014) 103

Bauer, New Public Management und Governance - Strategien zur nachhaltigen Weiterentwicklung der öffentlichen Verwaltung in Bauer/Biwald/Dearing (Hrsg.), Öffentliches Management in Österreich (KDZ Managementberatungs- und WeiterbildungsGmbH 2003) 11

Bauer/Biwald/Dearing (Hrsg.), Öffentliches Management in Österreich (KDZ Managementberatungs- und WeiterbildungsGmbH 2003)

Bauer, Amt der Landesregierung in Erich Pürgy (Hrsg.), Das Recht der Länder (Jan Sramek 2012) 423

Bayer/Mordt, Max Weber[1] (VS Verlag für Sozialwissenschaften 2007)

Berka, Die Grundrechte (Springer 1999)

Berka, Verfassungsrecht[6] (Verlag Österreich 2016)

Berl, Die Bürgerinitiative, ihre Rechte und das Verhältnis zu ihren Unterstützern, RdU 2014/59, 103

Bochardt/Cipolla (Hrsg.), Europäische Wirtschaftsgeschichte (Gustav Fischer Verlag 1985)

Bogumil/Jann, Verwaltung und Verwaltungswissenschaft in Deutschland[2] (VS Verlag für Sozialwissenschaften / GWV Fachverlage GmbH, Wiesbaden 2009)

Botthof/Hartmann (Hrsg.), Zukunft der Arbeit in Industrie 4.0 (2015)

Brecht, Controlling für Führungskräfte[2] (Springer Gabler 2012)

Breuss, Best Practice kommunaler Bürgerbeteiligung, RFG 2014/30, 152

Bundesministerium für Arbeit und Soziales, Grünbuch – Arbeiten 4.0 <bmas.de/DE/Service/Medien/Publikationen/A872-gruenbuch-arbeiten-vier-null.html> (10. 7. 2016)

Bundesministerium für Bildung und Forschung, Zukunftsbild »Industrie 4.0« <plattform-i40.de/I40/Redaktion/DE/Downloads/Publikation/zukunftsbild-industrie-4-0.html> (10. 7. 2016)

Bundesministerium für Wirtschaft und Energie, Industrie 4.0 und Digitale Wirtschaft (2015)

Bundesministerium für Wirtschaft und Energie, Industrie 4.0: Volks- und betriebswirtschaftliche Faktoren für den Standort Deutschland <bmwi.de/BMWi/Redaktion/PDF/F/industrie-4-0-volks-und_20betriebswirtschaftliche-faktoren-deutschland,property=pdf,bereich=bmwi2012,sprache=de,rwb=true.pdf> (10. 7. 2016)

Cipolla, Die Industrielle Revolution in der Weltgeschichte in Knut Bochardt/Carlo M. Cipolla (Hrsg.), Europäische Wirtschaftsgeschichte (Gustav Fischer Verlag 1985) 1

Clement, Digitale Arbeitswelt am Beispiel des Crowdsourcings, ifo Schnelldienst 2015/10, 6

Dearing, New Public Management in der österreichischen Bundesverwaltungin Bauer/Biwald/Dearing (Hrsg.), Öffentliches Management in Österreich (KDZ Managementberatungs- und WeiterbildungsGmbH 2003) 83

Derlien/Böhme/Heindl(Hrsg.), Bürokratietheorie (VS Verlag für Sozialwissenschaften / Springer Fachmedien Wiesbaden GmbH, Wiesbaden 2011)

Dorschel Joachim, Praxishandbuch Big Data (2015)

Eberhard, Gemeinderecht in Erich Pürgy (Hrsg.), Das Recht der Länder (Jan Sramek 2012) 593

Etzelstorfer, Open Government als kommunale Herausforderung, Diplomarbeit (2015)

Falcone/Jimenez/Navarra, E-Government Interoperability: Linking Open and Smart Government <ieeexplore.ieee.org/stamp/stamp.jsp?reload=true&arnumber=6926731> (26. 5. 2016)

Feigl/Heiling, Was kosten Privatisierungen? <emedien.arbeiterkammer.at/viewer/resolver?urn=urn:nbn:at:at-akw:g-523812>

Feik, Zugang zu Verwaltungswissen, ZfV 2006/2, 187

Feik, Öffentliche Verwaltungskommunikation (2007)

Feiler, Datenschutz als Hemmschuh und Wegbereiter für das Grundrecht auf Zugang zu amtlichen Informationenin Jahnel (Hrsg.), Datenschutzrecht. Jahrbuch 2014 (2014) 55

Führer, Datentransfer ins Ausland – Eine Bestandsaufnahme zur Datenschutz-Grundverordnung der Europäischen Union und die Analyse ihrer Änderungen, Dissertation (2014)

Gamper, Staat und Verfassung² (Facultas-WUV 2010)

Glaser, Über legitime Herrschaft (Springer VS 2013)

Griebler, Wiener Haushalt – Dezentrale Finanzen in Michael Holoubek/Verena Madner/Karl Pauer (Hrsg.), Recht und Verwaltung in Wien (Manz 2014) 149

Grinninger, Open Government: Leitfaden zur erfolgreichen E-Partizipation, Diplomarbeit (2015)

Hack, Dezentrale Fach- und Ressourcenverantwortung in Bauer/Biwald/Dearing (Hrsg.), Öffentliches Management in Österreich (KDZ Managementberatungs- und WeiterbildungsGmbH 2003) 47

Hartl, Eine Stadt positioniert sich neu New Public Management (NPM) als Reformstrategie des Magistrats der Stadt Wien am Beispiel der Wiener Berufsfeuerwehr (MA 68), Diplomarbeit (2012)

Hartmann, Arbeitsgestaltung für Industrie 4.0: Alte Wahrheiten, neue Herausforderungen in Botthof/Hartmann (Hrsg.), Zukunft der Arbeit in Industrie 4.0 (2015) 9

Höllbacher, Unmittelbare Bundesverwaltung (Jan Sramek 2013)

Holoubek/Madner/Pauer(Hrsg.), Recht und Verwaltung in Wien (Manz 2014)

Holzinger/Oberndorfer/Raschauer B. (Hrsg.), Österreichische Verwaltungslehre^{2} (Verlag Österreich 2006)
Imbusch (Hrsg.), Macht und Herrschaft^{2} (VS Verlag für Sozialwissenschaften 2011)
Jäckel, Soziologie (VS Verlag für Sozialwissenschaften 2010)
Jahnel (Hrsg.), Datenschutzrecht. Jahrbuch 2014 (2014)
Jahnel/Mader/Staudegger (Hrsg.), IT-Recht^{3} (Verlag Österreich 2012)
Kinne, Diversity 4.0 (Gabler 2016)
Klug (Hrsg.), Haushaltsreform aus der Sicht der Städte und Gemeinden (Magistrat der Landeshauptstadt Linz 2010)
Klug, Öffentliche Wirtschaftslehre (Magistrat der Landeshauptstadt Linz 2011)
Knappe, Die Eignung von New Public Management zur Steuerung öffentlicher Kulturbetriebe (Gabler/Springer 2010)
Kompetenzzentrum Öffentliche *IT*, Öffentliche Informationstechnologie in der digitalisierten Gesellschaft: Verwaltung x.0 <oeffentliche-it.de/documents/10181/15876/Verwaltung+x.0> (26. 5. 2016)
Kotulla, Deutsche Verfassungsgeschichte (Springer 2008)
Krönlein, New public management (Diplomica 2012)
KWG (Hrsg.), Controlling & Kontrolle (Manz 2011)
Lane, New public management (2000)
Lucke, Smart Government <zu.de/institute/togi/assets/pdf/ZU-150914-SmartGovernment-V1.pdf> (10. 7. 2016)
Lück-Schneider/Gordon/Kaiser/Lucke/Schweighofer/Wimmer/Löhe, Verwaltung 4.0 – Erste empirische Befunde <subs.emis.de/LNI/Proceedings/Proceedings229/29.pdf> (26. 5. 2016)
Lutz, Open Data sorgenfrei publizieren, Dako 2015/3, 61
Magistratsdirektion der Stadt Wien, Digitale Agenda Wien <digitaleagenda.wien/sites/default/files/digitalagenda_240x169_5_3.pdf>
Maimer/Wirth, Kontraktmanagement – Mit Leistungsvereinbarungen die ergebnisorientierte Steuerung unterstützen in Bauer/Biwald/Dearing (Hrsg.), Öffentliches Management in Österreich (KDZ Managementberatungs- und WeiterbildungsGmbH 2003) 31
Mann/Püttner (Hrsg.), Handbuch der kommunalen Wissenschaft und Praxis (Springer 2011)
Mayntz, Soziologie der öffentlichen Verwaltung^{4} (Müller 1997)
Meffert/Burmann/Kirchgeorg, Marketing^{12} (Springer/Gabler 2015)
Meyer/Leixnering, Controlling – Kontrolle: Begriffsklärung aus Sicht der

Betriebswirtschaftslehre in KWG (Hrsg.), Controlling & Kontrolle (Manz 2011)

Neuenhaus-Luciano, Amorphe Macht und Herrschaftsgehäuse – Max Weberin Imbusch (Hrsg.), Macht und Herrschaft[2] (VS Verlag für Sozialwissenschaften 2011) 97

Öhlinger /*Eberhard*, Verfassungsrecht[10] (Facultas.wuv 2014)

Papst Markus, Doppisches Rechnungswesen für Gebietskörperschaften – das Ende der Kameralistik?, RFG 2007/3, 108

Parycek/Rinnerbauer/Sachs, Online-Bürgerbeteiligung für Gemeinden, RFG 2014/3, 146

Peßl/Ortner/Schweiger, Industrie 4.0 Informationstechnologie verschmilzt mit Produktion, Productivity Management 2014/1, 59

Pierenkemper, Wirtschaftsgeschichte (Oldenbourg 2010)

Pölsler, Von der Hoheitsverwaltung zum Management öffentlicher Leistungen in Bauer/Biwald/Dearing (Hrsg.), Öffentliches Management in Österreich (KDZ Managementberatungs- und WeiterbildungsGmbH 2003) 205

Potz/Tálos/Maier/Simon/Landau/Muzak/Rebhahn/Mazal/Konecny/Armutskonferenz (Hrsg.), Armut und Recht (Manz 2010)

Preisendörfer, Organisationssoziologie[3] (VS Verlag für Sozialwissenschaften 2011)

Pürgy (Hrsg.), Das Recht der Länder (Jan Sramek 2012)

Raschauer/Riesz, Umweltinformation in Erich Pürgy (Hrsg.), Das Recht der Länder (Jan Sramek 2012) 97

Raupach/Stangenberg, Doppik in der öffentlichen Verwaltung[2] (Gabler 2009)

Schäfers, Einführung in die Soziologie (Springer VS 2013)

Schauer, Öffentliche Betriebswirtschaftslehre – Public Management[2] (Linde 2010)

Schedler/Proeller, New Public Management[5] (Haupt Verlag 2011)

Schliesky, Public Private Partnershipin Thomas Mann/Günter Püttner (Hrsg.), Handbuch der kommunalen Wissenschaft und Praxis (Springer 2011) 247

Simon, Von der »Caritas« zur policeylichen Armutsbekämpfung in Potz/Tálos/Maier/Simon/Landau/Muzak/Rebhahn/Mazal/Konecny/Armutskonferenz (Hrsg.), Armut und Recht (Manz 2010) 51

Strehl, Die Arbeitsweise der Verwaltung in Holzinger/Oberndorfer/Raschauer B. (Hrsg.), Österreichische Verwaltungslehre[2] (Verlag Österreich 2006)

Tabakow, E-Government und New Public Management. Zur Theorie und Praxis staatlicher Verwaltung im beginnenden 21. Jh, Dissertation (2009)

Thom/Ritz, Public Management[4] (Gabler 2008)

Tretter, Zur Freiheit der Informationsbeschaffung. Eine Besprechung des Erkenntnisses VfGH 16. 3. 1987, B 154/85, MR 1987/2, 84

Weber, Wirtschaft und Gesellschaft[5] (Mohr 1976)

Wimmer, Dynamische Verwaltungslehre[3] (Verlag Österreich 2013)

Wolfeil, Moderne Verwaltung und Datenschutz – ein Widerspruch, Dissertation (2012)

Ziegler, Studienmaterial zur Vorlesung »Einführung in die theoretischen Grundfragen der Soziologie«. Unveröffentlichtes Manuskript.

Der Autor

Mag. Manuel Reiter, LL.M., MBA, seit 2007 in verschiedenen Funktionen im Bundesministerium für Landesverteidigung und Sport beschäftigt, 2016 Wechsel in den niederösterreichischen Landesdienst. Studium der Rechtswissenschaften an der Johannes-Kepler-Universität Linz, 2015 Abschluss des postgradualen Lehrgangs ›Informations- und Medienrecht‹ an der Universität Wien.

Kolibri 360 GmbH
Ferdinand-Jühlke-Straße 7
99095 Erfurt, Deutschland
produktsicherheit@kolibri360.de